Prevención del acoso en el ámbito laboral

avanza editorial

Editado por:
EDITORIAL FAE, S.L.U.
Correo electrónico: editorial@editorialfae.com

Prevención del acoso en el ámbito laboral
Elsa Rubio Duce

1ª Edición

Se ha puesto el máximo empeño en ofrecer a la persona lectora una información completa y precisa. Sin embargo, Editorial FAE, S.L.U. no asume ninguna responsabilidad derivada de su uso ni tampoco de cualquier violación de patentes ni otros derechos de terceras partes que pudieran ocurrir. Esta publicación tiene por objeto proporcionar unos conocimientos precisos y acreditados sobre el tema tratado. Su venta no supone para el editor ninguna forma de asistencia legal, administrativa o de ningún otro tipo.

ISBN: 978-84-1135-361-8

Impreso en España

Índice

U. A. 1. Introducción al concepto de acoso

U. A. 2. Marco legal y normativo

U. A. 3. Prevención del acoso en el ámbito laboral. Políticas y compromisos empresariales

U. A. 4. Protocolo y plan de actuación frente al acoso laboral, acoso sexual y/o por razón de sexo en el entorno laboral

Índice

U. A. 1. Introducción al concepto de acoso

Introducción

El acoso en el ámbito laboral constituye una de las formas más graves de vulneración de los derechos fundamentales de las personas trabajadoras. Se trata de una conducta que atenta directamente contra la dignidad, la integridad moral y la salud del individuo, generando un entorno hostil, humillante o intimidatorio que puede afectar de manera significativa al bienestar psicológico y a la productividad de la persona afectada.

En las últimas décadas, el reconocimiento social y jurídico del acoso ha evolucionado de manera considerable. La sensibilización en torno a la igualdad de trato, la diversidad y la prevención de riesgos psicosociales ha impulsado la necesidad de identificar, analizar y erradicar toda forma de acoso en el trabajo, ya sea laboral, sexual o por razón de sexo. Este proceso ha llevado a las organizaciones a adoptar políticas preventivas y protocolos de actuación obligatorios, enmarcados en la legislación vigente y en las recomendaciones de organismos internacionales como la Organización Internacional del Trabajo (OIT) y la Unión Europea.

El estudio del acoso laboral no se limita a la identificación de conductas explícitas, sino que requiere comprender los mecanismos psicológicos y organizacionales que lo sustentan: la dinámica de poder, la comunicación jerárquica, la cultura corporativa y la tolerancia social hacia determinadas actitudes discriminatorias. En este sentido, la prevención del acoso se convierte en un elemento esencial de la gestión de la salud laboral, la responsabilidad social empresarial y la cultura ética de las organizaciones.

Esta primera unidad ofrece un marco conceptual que permite entender la naturaleza del acoso en sus diferentes manifestaciones, su evolución histórica y su impacto tanto en las personas como en las instituciones. Comprender sus fundamentos es el primer paso para diseñar estrategias efectivas de prevención y actuación frente a este fenómeno.

Objetivos

- Definir el concepto de acoso y diferenciarlo de otras conductas inadecuadas en el ámbito laboral.
- Reconocer el origen y la evolución histórica del acoso en el trabajo y su relación con los cambios sociales y organizacionales.
- Identificar los principales tipos de acoso laboral, sexual y por razón de sexo, analizando sus características y consecuencias.
- Analizar la magnitud del problema del acoso en España a través de datos y estudios recientes.
- Comprender la importancia de la prevención como elemento esencial para garantizar entornos laborales seguros, inclusivos y respetuosos.

1. Conceptos básicos sobre acoso

El término **acoso** en el ámbito laboral se refiere a un conjunto de comportamientos hostiles, reiterados y sistemáticos dirigidos hacia una persona con el propósito o el efecto de degradar su entorno de trabajo, menoscabar su dignidad o alterar su estabilidad emocional. Este fenómeno, aunque históricamente se mantuvo invisibilizado o normalizado, constituye hoy una forma reconocida de violencia laboral y una vulneración directa de los derechos humanos fundamentales.

El concepto de acoso está intrínsecamente vinculado con la dignidad de la persona trabajadora. El artículo 10 de la Constitución Española establece la dignidad humana como fundamento del orden político y de la paz social.

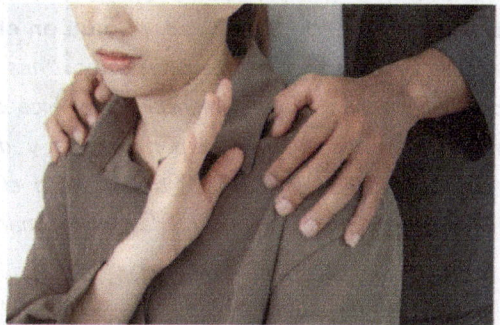

Fig. 1. Cualquier conducta que atente contra la dignidad humana—ya sea mediante humillaciones, amenazas, aislamiento o trato discriminatorio— rompe el principio básico de respeto que debe regir las relaciones laborales

El **ámbito laboral**, además, se caracteriza por una estructura jerárquica y organizacional que puede propiciar situaciones de desequilibrio de poder. Dicho desequilibrio puede ser jerárquico (cuando la persona acosadora tiene autoridad formal) o informal (basado en la influencia o el control social dentro del grupo). En ambos casos, el acoso implica el uso de ese poder de forma abusiva y continuada.

Anotación

La existencia de una jerarquía no implica necesariamente riesgo de acoso, pero sí requiere una gestión ética y transparente del liderazgo para prevenirlo. El poder, en contextos laborales, debe entenderse como una responsabilidad de cuidado y no como una herramienta de dominio.

No existe una única definición universalmente aceptada de acoso laboral, aunque diversos organismos han propuesto formulaciones ampliamente reconocidas. La **Organización Internacional del Trabajo (OIT)** lo define como: *"toda acción, incidente o comportamiento que se repite en el tiempo y que tiene por objeto o por efecto degradar el entorno de trabajo de una persona, menoscabar su dignidad o poner en peligro su salud y seguridad."*

Por su parte, el **Instituto Nacional de Seguridad y Salud en el Trabajo (INSST)** en España conceptualiza el acoso laboral (o *mobbing*) como: *"una situación en la que una persona o grupo de personas ejerce violencia psicológica extrema, de forma sistemática y recurrente —al menos una vez por semana y durante un periodo prolongado— sobre otra persona en el lugar de trabajo, con el fin de destruir su reputación, desestabilizarla emocionalmente o forzarla a abandonar su puesto."*

Estas definiciones comparten una serie de elementos esenciales que permiten distinguir el acoso de otros conflictos laborales. Sus características son las que siguen:

Elemento	Descripción
Repetición y duración	Las conductas de acoso son persistentes y sostenidas en el tiempo; no se trata de hechos aislados.
Intencionalidad o efecto dañino	Puede existir intención explícita de dañar o simplemente un resultado lesivo derivado de una conducta abusiva.
Desequilibrio de poder	Se produce cuando la persona acosadora tiene, real o simbólicamente, una posición de ventaja sobre la víctima.
Afectación a la salud	El acoso genera daños psicológicos, emocionales y en ocasiones físicos, afectando el bienestar integral de la persona.
Entorno laboral hostil	Se crea un ambiente de trabajo tóxico, en el que la víctima puede ser marginada o humillada sistemáticamente.

Saber más

El término *mobbing* fue introducido por el psicólogo sueco Heinz Leymann en los años ochenta. Leymann lo describió como un proceso de hostigamiento psicológico en el trabajo que puede implicar hasta 45 tipos distintos de comportamientos, desde el aislamiento hasta el desprestigio profesional.

Es fundamental no confundir el acoso laboral con los conflictos interpersonales ordinarios que pueden surgir en cualquier entorno de trabajo. Los conflictos laborales, aunque pueden generar tensión, se caracterizan por una relación de igualdad entre las partes y por la existencia de un desacuerdo objetivo que puede resolverse mediante el diálogo o la mediación.

En cambio, el acoso laboral implica un desequilibrio de poder, una intencionalidad lesiva y una persistencia en el tiempo. En el acoso no existe una disputa legítima, sino un ataque sistemático hacia la persona trabajadora.

Aspecto comparado	Conflicto laboral	Acoso laboral (mobbing)
Naturaleza	Desacuerdo puntual entre personas o departamentos.	Conducta repetida y abusiva contra una persona.
Duración	Limitada en el tiempo.	Prolongada y sostenida.
Equilibrio de poder	Relativamente equilibrado.	Desequilibrio o abuso de poder.
Objetivo	Resolver una diferencia o mejorar un proceso.	Dañar, aislar o expulsar a la persona del entorno laboral.
Consecuencias	Puede resolverse por mediación.	Genera daño psicológico y laboral severo.

Ejemplo

En una empresa tecnológica, dos personas del mismo equipo discuten sobre la asignación de tareas. Tras una reunión, llegan a un acuerdo. Esto es un conflicto laboral. En cambio, si una de ellas comienza a difundir rumores sobre la otra, a excluirla de reuniones y a asignarle tareas imposibles con el fin de desprestigiarla, se está ante un caso de acoso.

Desde la perspectiva de la **prevención de riesgos laborales**, el acoso se clasifica como un riesgo psicosocial, es decir, un factor que puede afectar negativamente a la salud mental, emocional y social de las personas en el trabajo. La Ley 31/1995 de

Prevención de Riesgos Laborales establece la obligación de las empresas de garantizar la seguridad y salud de sus trabajadores y trabajadoras en todos los aspectos relacionados con el trabajo, incluyendo los riesgos derivados de la organización.

El acoso laboral genera consecuencias que se manifiestan en tres niveles:

- **Nivel individual:** estrés, ansiedad, depresión, baja autoestima, insomnio, somatización o incluso ideación suicida.
- **Nivel organizacional:** aumento del absentismo, rotación del personal, pérdida de productividad y deterioro del clima laboral.
- **Nivel social:** deterioro de la confianza en las instituciones laborales, incremento de los costes sanitarios y reducción de la cohesión social.

Anotación

La falta de intervención ante situaciones de acoso no solo implica una responsabilidad ética, sino también legal para la empresa. La inacción puede ser considerada como una forma de tolerancia o complicidad.

La aparición del acoso no depende únicamente de la conducta individual, sino también del contexto organizacional. Los estudios más recientes en psicología del trabajo y sociología laboral destacan que el acoso surge con mayor frecuencia en entornos con **deficiencias estructurales** en la gestión de personas, la comunicación o la cultura interna.

Entre los principales factores que lo favorecen se encuentran:

- **Estilos de liderazgo autoritarios o permisivos.** Un liderazgo que no promueve el respeto, la escucha y la participación puede facilitar comportamientos abusivos.
- **Inseguridad laboral o alta competitividad.** Contextos en los que se percibe la amenaza constante de despido o la necesidad de destacar pueden incentivar la agresión simbólica.

- **Ausencia de protocolos claros.** Cuando no existen mecanismos formales para denunciar o resolver situaciones de acoso, las víctimas tienden a guardar silencio.
- **Tolerancia cultural al abuso.** En organizaciones donde se normaliza el grito, la burla o la sobrecarga de trabajo, el acoso se invisibiliza.
- **Desigualdades estructurales.** La discriminación por género, edad, origen, orientación sexual, discapacidad o religión puede ser el caldo de cultivo del acoso.

 Anotación

La prevención del acoso requiere abordar las causas estructurales y no solo las conductas individuales. Un enfoque integral de cultura preventiva promueve el respeto, la diversidad y la comunicación asertiva.

El reconocimiento precoz de los comportamientos de acoso es esencial para evitar su escalada.

Fig. 2. Los primeros signos pueden pasar desapercibidos o confundirse con bromas o malentendidos, pero la persistencia y el impacto emocional permiten distinguirlos

La formación en **habilidades psicosociales** y **observación activa** resulta clave para que tanto la dirección como las personas trabajadoras puedan identificar las señales y actuar de forma inmediata.

Ejemplo

En una empresa del sector servicios, una trabajadora observa que su compañero no es invitado a las pausas comunes, y que su nombre es omitido en los informes grupales. Al comunicárselo al departamento de recursos humanos, se inicia una investigación que permite frenar el acoso antes de que escale.

2. Origen y evolución del acoso en el ámbito laboral

El fenómeno del acoso en el trabajo, aunque en apariencia contemporáneo, ha acompañado históricamente a las relaciones laborales desde los primeros modelos de organización del trabajo. Sin embargo, su reconocimiento conceptual, psicológico y jurídico es reciente. A lo largo del tiempo, el acoso ha pasado de ser considerado una "dificultad personal" o un "problema de convivencia" a ser identificado como una forma de violencia estructural que exige intervención institucional y preventiva.

Comprender su evolución permite analizar los cambios en la concepción del trabajo, el poder y la dignidad, así como el papel que la legislación y las ciencias sociales han desempeñado en su visibilización.

Durante siglos, la idea de subordinación y disciplina fue considerada parte natural del trabajo. En la era preindustrial, las relaciones laborales se basaban en estructuras jerárquicas rígidas, y la obediencia era vista como un valor moral. Las conductas de humillación o maltrato no eran interpretadas como abusivas, sino como instrumentos de control o corrección.

Con la Revolución Industrial (siglos XVIII y XIX), el trabajo se concentró en fábricas, minas y talleres. La introducción de la maquinaria, la jornada extensa y la falta de derechos laborales generaron entornos en los que la violencia laboral se institucionalizó. Se normalizaban los gritos, los castigos físicos o la exposición pública de errores como medios de mantener la productividad.

No obstante, el acoso como fenómeno psicológico todavía no había sido reconocido. El sufrimiento emocional derivado del trabajo se consideraba un problema individual o una debilidad del carácter.

Anotación

Durante este periodo, la ausencia de legislación protectora y la visión puramente económica del trabajo impidieron que se percibiera la violencia psicológica como un daño. La prioridad era mantener la producción, no la salud de las personas.

El reconocimiento del acoso laboral surge en el siglo XX, vinculado al desarrollo de las ciencias sociales y la psicología del trabajo. En las décadas de 1950 y 1960, investigadores y médicas del ámbito escandinavo comenzaron a estudiar las consecuencias del estrés prolongado y las relaciones de poder tóxicas dentro de las organizaciones.

El punto de inflexión se produjo con las investigaciones del psicólogo sueco Heinz Leymann, quien en la década de 1980 acuñó el término *mobbing* (del inglés *to mob*, "acosar en grupo"). Leymann documentó numerosos casos de personas trabajadoras afectadas por hostigamiento sistemático en hospitales, escuelas y empresas públicas. Definió el fenómeno como una forma de terror psicológico sostenido en el tiempo, con el objetivo de aislar o forzar la salida de la víctima del entorno laboral.

Su modelo identificaba hasta 45 conductas hostiles agrupadas en distintas categorías (comunicación, reputación, aislamiento, tareas, amenazas físicas), lo que permitió diferenciar científicamente el acoso del conflicto común.

Saber más

En 1990, Leymann publicó la Leymann Inventory of Psychological Terrorization (LIPT), una herramienta pionera para evaluar el acoso en entornos laborales. Su metodología sirvió de base para posteriores estudios en Europa y América Latina.

En paralelo, en otros países como Reino Unido, Francia o Alemania comenzaron a utilizarse términos análogos: *workplace bullying, harcèlement moral* o *psychoterror am Arbeitsplatz*, todos ellos con un mismo propósito: visibilizar el maltrato psicológico sistemático en el trabajo.

El reconocimiento jurídico del acoso laboral se produjo de manera progresiva, siguiendo la estela de la investigación científica y del movimiento sindical.

Fig. 3. Las primeras regulaciones abordaron el acoso sexual, especialmente tras la segunda ola del feminismo en los años setenta, que puso de relieve la desigualdad de género y las violencias estructurales en el empleo

En los años noventa, varios países europeos comenzaron a legislar específicamente sobre acoso moral o psicológico. Francia fue pionera con la Ley de Modernización Social de 2002, que introdujo la figura del *harcèlement moral* en su Código del Trabajo. En España, aunque la jurisprudencia reconoció casos desde finales de los noventa, el concepto se consolidó a partir de la Ley de Prevención de Riesgos Laborales (Ley 31/1995), que incluyó los riesgos psicosociales en la evaluación preventiva.

La evolución jurídica ha sido un proceso continuo, en el que el acoso ha pasado de considerarse un fenómeno ético o moral a ser una infracción laboral, civil y penal, dependiendo de su gravedad y sus consecuencias.

Uno de los avances más significativos ha sido la **integración de la perspectiva de género** en la comprensión del acoso. Tradicionalmente, el análisis del acoso laboral se centraba en las dinámicas jerárquicas u organizativas, pero no en las desigualdades estructurales entre hombres y mujeres. La inclusión del acoso sexual y del acoso por razón de sexo como formas específicas de violencia laboral marcó un hito en la evolución del concepto.

El marco normativo europeo, especialmente la Directiva 2006/54/CE, consolidó la obligación de los Estados miembros de combatir la discriminación por sexo y garantizar entornos laborales libres de acoso. En España, la Ley Orgánica 3/2007 para la Igualdad Efectiva de Mujeres y Hombres amplió esta protección, obligando a las empresas a contar con protocolos frente al acoso sexual o por razón de sexo y a promover la igualdad real.

Anotación

Incorporar la perspectiva de género no significa limitar el acoso a un solo tipo de víctima, sino reconocer que las mujeres —y otras personas pertenecientes a colectivos discriminados— enfrentan mayores riesgos estructurales y menor capacidad de respuesta institucional.

Además, los estudios contemporáneos amplían esta mirada hacia otros ejes de discriminación: la orientación sexual, la identidad de género, el origen étnico, la discapacidad o la edad. El acoso laboral se entiende hoy como un fenómeno **interseccional**, en el que diversos factores se combinan y agravan el daño sufrido.

El cambio de paradigma en la gestión empresarial durante las últimas décadas ha transformado también las formas y contextos del acoso. La introducción de modelos de gestión basados en la competitividad, los objetivos individuales y la presión por resultados ha incrementado la exposición de las personas a **entornos de estrés y rivalidad**.

En algunas organizaciones, la cultura del rendimiento extremo ha generado formas de acoso **institucional o estructural**, donde la presión se ejerce de manera colectiva o sistémica, sin que exista un agresor individual claramente identificable. Ejemplos de ello son las prácticas de aislamiento, sobrecarga laboral o exclusión simbólica dentro de determinados equipos.

En una empresa de servicios financieros, se instauró un sistema de evaluación mensual en el que los peores resultados eran expuestos públicamente en una reunión general. Esta práctica, aunque presentada como "motivacional", generó ansiedad, vergüenza y hostilidad entre compañeros, configurando un entorno propicio para el acoso grupal.

El acoso se adapta a los **nuevos entornos digitales**. Con la generalización del teletrabajo y las plataformas colaborativas, han surgido formas de hostigamiento virtual o *ciberacoso laboral*, que incluyen la exclusión de chats, la difusión de mensajes ofensivos o el control excesivo mediante herramientas digitales.

El ciberacoso laboral ha sido objeto de atención en los informes de la OIT desde 2018, que advierten que la digitalización amplía los espacios de exposición y dificulta la desconexión emocional del trabajo, incrementando los riesgos psicosociales.

En España, la visibilización del acoso se ha producido en paralelo a los avances normativos y sociales en materia de igualdad y salud laboral. Los informes del Instituto de la Mujer, del INSST y de la Agencia Europea para la Seguridad y la Salud en el Trabajo han sido determinantes para generar conciencia sobre la magnitud del problema.

El **Plan Estratégico de la Inspección de Trabajo y Seguridad Social (2021-2023)** incorpora la detección del acoso como una prioridad, mientras que las comunidades autónomas han desarrollado protocolos de actuación y guías sectoriales específicas para la prevención del acoso moral, sexual o por razón de sexo.

Recuerda

A pesar de los avances, la cultura del silencio y la falta de formación en muchas empresas continúan siendo barreras significativas. La prevención requiere una actitud proactiva y sostenida de todas las partes implicadas: dirección, recursos humanos, representantes sindicales y la plantilla.

El acoso laboral refleja las tensiones propias de las sociedades contemporáneas: la desigualdad, la competencia y la precariedad. A medida que el trabajo ha dejado de ser un simple medio de subsistencia para convertirse en una parte esencial de la identidad personal, los ataques en este ámbito tienen un impacto profundo en la autoestima y el proyecto vital de las personas.

La evolución histórica del acoso evidencia cómo las relaciones laborales, el poder y la dignidad están en constante renegociación.

Fig. 4. Si en el pasado el acoso era invisible, hoy su reconocimiento es un indicador del grado de madurez democrática y ética de una sociedad

Comprender el origen y la evolución del acoso no es un ejercicio meramente histórico. Permite identificar las raíces culturales y estructurales del problema, y construir modelos de prevención basados en el respeto, la empatía y la equidad. La historia del acoso en el trabajo es, en última instancia, la historia de la lucha por un empleo digno y por el reconocimiento pleno de la persona trabajadora como sujeto de derechos.

3. Tipos de acoso en el ámbito laboral

El acoso en el entorno de trabajo puede manifestarse de múltiples formas y adoptar diversas intensidades. No siempre se presenta de manera evidente ni con actos abiertamente hostiles; en muchas ocasiones se ejerce mediante comportamientos sutiles, persistentes y progresivos que van erosionando la estabilidad emocional y profesional de la persona afectada.

La identificación de los distintos tipos de acoso es fundamental para establecer estrategias de prevención, detección y actuación eficaces. Las manifestaciones del acoso varían según la intencionalidad, la dirección jerárquica, el contexto organizativo y la motivación que las origina.

Diversas tipologías han sido elaboradas por la literatura científica y por los organismos especializados en seguridad y salud laboral. De forma general, los tipos de acoso pueden clasificarse según tres criterios principales:

- La dirección jerárquica del acoso.
- La naturaleza o contenido de las conductas.
- La motivación o causa subyacente del comportamiento.

Sus características son las que siguen:

Criterio	Tipo de acoso	Descripción
Dirección jerárquica	Vertical descendente, vertical ascendente, horizontal o mixto	Indica la relación de poder entre la persona acosadora y la víctima.
Naturaleza de la conducta	Psicológico, físico, sexual o digital	Define los medios y formas a través de los cuales se ejerce la violencia.
Motivación o causa	Personal, discriminatorio o institucional	Determina el origen del hostigamiento, ya sea interpersonal, estructural o basado en prejuicios.

Esta clasificación permite analizar el fenómeno del acoso desde un enfoque **multidimensional**, considerando tanto los factores individuales como los organizativos y sociales que lo condicionan.

A. Acoso según la dirección jerárquica

El poder, entendido en sentido amplio, constituye un elemento esencial para comprender la dinámica del acoso. Dependiendo de la posición jerárquica de quien acosa respecto de la persona acosada, se distinguen las siguientes modalidades:

- **Acoso vertical descendente (*bossing*).** Es la forma más frecuente y visible de acoso laboral. Se produce cuando una persona con autoridad jerárquica o de supervisión utiliza su posición para humillar, intimidar o excluir a otra persona subordinada. El objetivo suele ser imponer obediencia, castigar la disidencia o forzar la renuncia de la víctima.

  Las conductas típicas incluyen: asignación de tareas inútiles o excesivas, negación de permisos, exclusión de reuniones, comentarios despectivos, amenazas veladas o bloqueos en la carrera profesional.

 **Ejemplo**

En una empresa de ingeniería, un jefe de departamento ridiculiza en público a una técnica por los errores de su equipo, aunque no son de su responsabilidad directa. Posteriormente, la deja fuera de proyectos relevantes. El objetivo es presionarla para que abandone el puesto.

Fig. 5. El bossing no solo afecta a la persona agredida, sino que envía un mensaje intimidatorio al resto del equipo, generando miedo y sumisión; a largo plazo, deteriora el clima laboral y la confianza hacia la dirección

- **Acoso vertical ascendente.** Aunque menos habitual, este tipo se produce cuando una o varias personas trabajadoras ejercen presión o hostigamiento hacia una persona con cargo superior, generalmente recién incorporada o percibida como una amenaza para la estabilidad o privilegios del grupo.

  Puede incluir boicot de instrucciones, ocultación de información, rumores o resistencia pasiva al cumplimiento de órdenes. Suelen generarse en contextos donde el liderazgo es débil o carece de legitimidad.

Una responsable de área, recién llegada a la organización, introduce un nuevo sistema de trabajo más equitativo. Parte del personal, que disfrutaba de beneficios informales, inicia un proceso de hostigamiento que incluye el aislamiento, las burlas y la desobediencia coordinada.

- **Acoso horizontal.** Se produce entre personas del mismo nivel jerárquico, generalmente en contextos donde la competencia interna o la falta de cohesión de grupo fomentan rivalidades. A diferencia del conflicto interpersonal, el acoso horizontal implica una conducta reiterada de hostigamiento, que puede incluir la exclusión social, la difusión de rumores o la manipulación del trabajo colectivo.

En un departamento comercial, una trabajadora es sistemáticamente ignorada por sus compañeras, quienes excluyen su nombre de los correos y comparten información relevante en chats paralelos. Aunque no hay agresión directa, la exclusión constante produce ansiedad y bajo rendimiento.

- **Acoso mixto o grupal.** En ocasiones, el acoso combina varias direcciones jerárquicas. Puede iniciarse de forma vertical (desde la dirección) y luego replicarse entre el personal, o viceversa. En estos casos, se configura una dinámica grupal de exclusión o linchamiento psicológico, a veces con el apoyo tácito de la organización.

 **Saber más**

Heinz Leymann ya advertía que el acoso raramente es un fenómeno individual; en muchas ocasiones se convierte en una acción colectiva de hostigamiento, donde la indiferencia o el silencio de quienes observan refuerzan la agresión.

B. Acoso según la naturaleza de las conductas

El acoso puede manifestarse mediante múltiples comportamientos, tanto verbales como no verbales, directos o indirectos. Aunque la frontera entre ellos no siempre es clara, la clasificación más aceptada distingue los siguientes tipos:

- **Acoso psicológico o moral (*mobbing*).** Consiste en la violencia psicológica reiterada ejercida con el propósito de desestabilizar emocionalmente a una persona, degradar su reputación o forzar su salida del puesto. Es la forma más estudiada y puede adoptar diversas estrategias: desprecio, aislamiento, sabotaje laboral, ridiculización o manipulación de información.

Sus principales manifestaciones son las siguientes:

Categoría	Ejemplos de conducta
Ataques a la comunicación	Interrumpir constantemente, ignorar, gritar, no responder correos o mensajes.
Ataques a la reputación	Difundir rumores, cuestionar la competencia, ridiculizar ante otras personas.
Aislamiento social	No invitar a reuniones, excluir de pausas o eventos, ubicar en espacios apartados.
Ataques a la tarea	Asignar trabajos imposibles, retirar responsabilidades, vigilar de forma excesiva.
Ataques personales	Burlas por aspecto, edad, acento, discapacidad o ideología.

Fig. 6. Las consecuencias del acoso psicológico pueden ser graves: ansiedad, depresión, somatización e incluso abandono del trabajo o incapacidad prolongada

La OMS lo considera una forma de **violencia ocupacional**.

- **Acoso físico.** Aunque menos frecuente en entornos formales, el acoso físico comprende cualquier acto de agresión corporal, empujones, invasión del espacio personal o gestos amenazantes. También incluye el daño a pertenencias de la víctima o la obstrucción física de su trabajo.

Suele coexistir con otras formas de violencia y, cuando ocurre, constituye una infracción penal, además de laboral.

En un almacén, un encargado empuja a un operario al recriminarle un error, mientras le grita delante de otras personas. Este acto constituye una agresión física y psicológica, tipificada como delito leve de maltrato.

- **Acoso sexual:** El acoso sexual implica comportamientos, insinuaciones, proposiciones o actos de naturaleza sexual no consentidos, que atentan contra la dignidad de la persona trabajadora y crean un entorno hostil.

Anotación

La Ley Orgánica 10/2022 de Garantía Integral de la Libertad Sexual y la Ley Orgánica 3/2007 obligan a todas las empresas a disponer de un protocolo específico frente al acoso sexual y por razón de sexo, aplicable sin importar el tamaño de la plantilla.

Se manifiesta tanto de manera verbal (comentarios, insinuaciones, preguntas invasivas) como no verbal (miradas persistentes, gestos obscenos, envío de mensajes con contenido sexual). También puede incluir chantaje sexual, cuando la aceptación o rechazo de la conducta condiciona la situación laboral.

Una trabajadora recibe comentarios reiterados sobre su aspecto físico por parte de un superior, pese a haberle pedido que cese. Más tarde, este condiciona su promoción a "tener una mejor relación personal". Este comportamiento constituye acoso sexual con abuso de poder.

- **Acoso por razón de sexo:** Difiere del acoso sexual en que no necesariamente implica connotaciones sexuales, sino que se basa en el trato desfavorable hacia una persona por su género, identidad o roles asociados. Incluye burlas, invisibilización, asignación de tareas estereotipadas o cuestionamiento de la capacidad profesional.

En una empresa de transporte, se niega sistemáticamente a las mujeres la conducción de determinados vehículos "por ser trabajos duros". Este trato discriminatorio configura acoso por razón de sexo.

- **Ciberacoso o acoso digital.** En la era digital, el acoso puede trasladarse a los medios electrónicos. Se denomina **ciberacoso laboral** a toda acción hostil ejercida a través de herramientas digitales, como el correo corporativo, mensajería instantánea o redes sociales.

Incluye conductas como: enviar mensajes ofensivos, difundir rumores, excluir deliberadamente de grupos virtuales o monitorizar de manera abusiva la actividad online.

 **Saber más**

La OIT (2022) alertó que el teletrabajo prolongado puede aumentar la vulnerabilidad al acoso digital, dado que la frontera entre la vida personal y laboral se diluye, y la persona acosada puede sentirse permanentemente expuesta.

Comprender el motivo que origina el acoso permite identificar su raíz y diseñar medidas de prevención específicas.

Según su motivación principal, pueden distinguirse las siguientes categorías:

- **Acoso interpersonal o personal.** Surge de conflictos, celos, rivalidades o antipatías personales que se transforman en hostigamiento. Aunque no parte de una estructura discriminatoria, el comportamiento se convierte en acoso al mantenerse en el tiempo y generar daño psicológico.

- **Acoso discriminatorio.** Tiene su origen en prejuicios sociales o estereotipos relacionados con el género, la orientación sexual, el origen étnico, la religión, la edad o la discapacidad. Este tipo de acoso vulnera directamente los principios de igualdad y no discriminación recogidos en la legislación europea y nacional.

Tipo de discriminación	Ejemplo de acoso
Por orientación sexual	Hacer comentarios despectivos hacia una persona LGTBIQ+ o ridiculizar su identidad.
Por edad	Marginar a una persona mayor, considerándola "obsoleta", o a una joven, tachándola de "inexperta".
Por discapacidad	Burlarse de una limitación física o negar adaptaciones necesarias.
Por origen étnico o religión	Cuestionar el acento, los hábitos culturales o el uso de prendas religiosas.

- **Acoso institucional o estructural.** Se produce cuando la propia organización o sus prácticas fomentan o toleran el acoso, ya sea mediante políticas de gestión agresivas, sistemas de evaluación competitivos o ausencia de respuesta ante las denuncias. No se trata de un individuo agresor, sino de un modelo organizativo tóxico.

En una empresa de marketing, los objetivos son inalcanzables y la dirección felicita públicamente a quienes humillan a sus compañeros para mejorar los resultados. Esta cultura organizacional se convierte en un entorno de acoso estructural.

Las organizaciones tienen la **obligación legal y ética** de prevenir este tipo de dinámicas. No hacerlo puede derivar en responsabilidad directa de la empresa, aunque no haya un acosador identificado.

La evolución de los entornos laborales ha generado variantes del acoso tradicional que merecen atención específica.

1. **Acoso organizacional o estratégico:** El acoso se utiliza deliberadamente como instrumento de gestión para forzar la salida de una persona sin necesidad de despido formal. Por ejemplo: la dirección sobrecarga de trabajo a una persona con bajas médicas recurrentes para que renuncie.
2. **Acoso por sustitución o contagio:** Cuando una persona víctima de acoso es reemplazada y el hostigamiento continúa hacia quien ocupa su lugar, lo que demuestra que el problema es estructural y no individual.
3. **Acoso de clientes o terceros:** En sectores como sanidad, educación o comercio, las conductas abusivas pueden provenir de usuarios, pacientes o clientes. La empresa sigue siendo responsable de proteger a su personal.
4. **Acoso en equipos diversos o multiculturales:** En entornos internacionales o mixtos, el desconocimiento cultural puede derivar en **microagresiones** o exclusiones simbólicas que, mantenidas, se convierten en acoso.

Recuerda

Las microagresiones son expresiones sutiles de desprecio o deslegitimación que, por su reiteración, producen efectos similares al acoso. Ejemplo: interrumpir siempre a una persona o dudar de su competencia por su acento.

Cada forma de acoso produce **efectos específicos en la salud y la organización**, aunque comparten un denominador común: la vulneración de la dignidad.

Las consecuencias más relevantes se resumen en la tabla siguiente:

Tipo de acoso	Consecuencias principales
Psicológico	Ansiedad, pérdida de autoestima, estrés postraumático.
Sexual o por razón de sexo	Trauma, miedo al entorno laboral, abandono de la profesión.
Discriminatorio	Marginación, invisibilización de capacidades, baja satisfacción laboral.
Institucional	Clima laboral tóxico, fuga de talento, pérdida de reputación.
Digital	Aislamiento, vigilancia constante, confusión entre vida laboral y personal.

Anotación

El impacto del acoso no se limita a la persona víctima. El testigo o compañero que observa sin intervenir también puede sufrir estrés, miedo o culpa, fenómeno conocido como "estrés vicario".

Identificar correctamente el tipo de acoso es esencial para diseñar intervenciones adaptadas. Por ejemplo, el acoso sexual requiere protocolos específicos y formación en igualdad; el acoso institucional demanda cambios estructurales; el acoso horizontal necesita estrategias de cohesión y mediación grupal.

Fig. 7. La diversidad de formas exige una política integral de prevención, donde se combinen herramientas jurídicas, psicológicas y organizativas

El acoso, en cualquiera de sus manifestaciones, no es un conflicto menor ni un problema de personalidad. Es una violencia laboral compleja y multicausal, cuya erradicación exige compromiso colectivo, liderazgo ético y una cultura basada en la igualdad y el respeto mutuo. Reconocer sus múltiples rostros es el primer paso hacia un entorno laboral realmente saludable.

4. El acoso laboral, sexual o por razón de sexo en España en cifras

El estudio del acoso laboral y sexual en España no solo requiere una definición conceptual y jurídica, sino también una comprensión cuantitativa del fenómeno. Las estadísticas permiten dimensionar su magnitud, identificar los sectores más afectados, analizar las variables de género y edad, y evaluar la eficacia de las políticas preventivas implementadas.

No obstante, medir el acoso constituye un desafío metodológico, ya que una parte significativa de los casos permanece oculta por miedo a represalias, falta de canales de denuncia o normalización de las conductas hostiles. Por ello, los datos deben interpretarse siempre con una mirada crítica y contextual.

A diferencia de otros riesgos laborales de naturaleza física, el acoso es un riesgo psicosocial de difícil objetivación. Su identificación depende de la percepción subjetiva de la persona afectada y del reconocimiento institucional del daño. Además, existe un importante **subregistro** debido al temor a la estigmatización, la desconfianza en los procedimientos internos o la falta de evidencia directa.

Los principales factores que explican la invisibilización estadística son los siguientes:

- **Miedo a las represalias.** Muchas personas temen perder su empleo o ser etiquetadas como "problemáticas".
- **Normalización de la violencia.** En entornos laborales donde el maltrato verbal o la sobrecarga se consideran "parte del trabajo", las víctimas no identifican el acoso como tal.
- **Falta de mecanismos de denuncia.** En pequeñas empresas o en determinados sectores, no existen canales formales ni protocolos específicos.
- **Desigualdad de género y poder.** Las mujeres y colectivos discriminados tienden a sufrir acoso con mayor frecuencia, pero cuentan con menor apoyo institucional.
- **Ausencia de registro centralizado.** Las estadísticas proceden de múltiples fuentes (encuestas, inspecciones, sentencias, informes sindicales) con metodologías no siempre comparables.

Por estas razones, las cifras disponibles deben interpretarse como una **estimación parcial**, que refleja solo la parte visible del problema. Los datos reales probablemente sean significativamente mayores.

En el contexto español, las principales fuentes de información sobre acoso en el trabajo son:

Fuente	Entidad responsable	Periodicidad / Naturaleza
Encuesta Nacional de Condiciones de Trabajo (ENCT)	Instituto Nacional de Seguridad y Salud en el Trabajo (INSST)	Bienal – analiza riesgos psicosociales y percepción de acoso.
Macroencuesta de Violencia contra la Mujer	Ministerio de Igualdad / INE	Cuatrienal – incluye acoso sexual y por razón de sexo.
Encuesta Europea de Condiciones de Trabajo (EWCS)	Eurofound (Fundación Europea para la Mejora de las Condiciones de Vida y Trabajo)	Quinquenal – datos comparativos entre países de la UE.
Estadísticas de la Inspección de Trabajo y Seguridad Social	Ministerio de Trabajo y Economía Social	Anual – recoge actuaciones y sanciones por acoso.
Sentencias judiciales y datos del CGPJ	Consejo General del Poder Judicial	Variable – casos reconocidos por tribunales.

El **INSST** destaca que la exposición a la violencia y el acoso constituye una de las principales fuentes de estrés laboral en España, con especial incidencia en sectores como la sanidad, la educación y la administración pública.

Los estudios más recientes del **Instituto Nacional de Seguridad y Salud en el Trabajo (INSST)** confirman que el acoso psicológico y la violencia en el entorno laboral son fenómenos de una relevancia creciente en España. En los últimos años, se ha observado un incremento progresivo en la identificación y comunicación de estos casos, lo que no necesariamente indica un aumento real de la incidencia, sino una mayor concienciación social, formación preventiva y capacidad de reconocimiento de las conductas abusivas. Este avance es consecuencia directa de la incorporación de políticas de igualdad, protocolos empresariales y programas de sensibilización sobre los riesgos psicosociales.

La investigación nacional revela que el acoso laboral no se presenta de una única manera, sino que adopta diversas formas simultáneas. Entre las más comunes se encuentran la violencia verbal, las humillaciones, la exclusión social dentro del equipo, las represalias profesionales o la asignación de tareas con intención de desprestigiar o sobrecargar a la persona trabajadora. Es habitual que las víctimas experimenten varias de estas manifestaciones al mismo tiempo, configurando un proceso de hostigamiento multifacético y prolongado que afecta tanto su salud psicológica como su desempeño laboral.

Ejemplo

Una trabajadora comienza a ser ignorada por su equipo tras un desacuerdo con su superior. Con el tiempo, se le retira la participación en proyectos importantes, se ridiculizan sus aportaciones en reuniones y se difunden comentarios despectivos sobre su rendimiento. Esta combinación de exclusión, descrédito y humillación conforma un patrón típico de acoso psicológico.

En relación con las diferencias por género, los informes del INSST y del Ministerio de Igualdad evidencian que las mujeres continúan siendo más vulnerables a determinadas formas de acoso, especialmente en entornos donde existen jerarquías rígidas o contacto constante con público externo. No obstante, el acoso afecta a personas de cualquier identidad o posición laboral. Los hombres, por ejemplo, pueden sufrir con mayor frecuencia presiones de tipo jerárquico o humillaciones relacionadas con la competencia y el desempeño.

Fig. 8. Las mujeres suelen ser objeto de comportamientos de infantilización, desprecio o invasión de límites personales, que se entrelazan con factores de discriminación estructural

Anotación

El género no determina quién puede ser víctima de acoso, pero sí condiciona la forma que adoptan las conductas hostiles y las consecuencias sobre la autoestima y la estabilidad profesional. Los estereotipos culturales sobre autoridad, liderazgo o roles de cuidado influyen directamente en la experiencia del acoso.

A. Distribución sectorial y territorial

El acoso no se manifiesta de manera homogénea en todos los ámbitos laborales. Su prevalencia varía según el sector de actividad, la estructura organizativa y las condiciones de trabajo. Los sectores caracterizados por un alto nivel de interacción interpersonal, elevada presión emocional o jerarquías muy marcadas son los más propensos a registrar conductas de acoso. Entre ellos destacan la **sanidad, los servicios sociales y la educación**, donde las relaciones humanas y la exposición pública son constantes, así como la administración pública, donde las estructuras rígidas y la falta de movilidad pueden perpetuar situaciones de hostigamiento.

Por otro lado, sectores como el comercio, la hostelería y la atención al cliente presentan riesgos asociados a la temporalidad, la rotación de personal y la dependencia jerárquica directa, factores que reducen la capacidad de denuncia. En entornos **industrializados o tradicionalmente masculinizados**, como la construcción o la industria pesada, el acoso suele manifestarse a través de un lenguaje agresivo, la presión grupal o la exclusión simbólica, influido por una cultura de mando autoritaria y la escasa formación en gestión emocional.

Anotación

Los entornos considerados "feminizados", como la sanidad o la enseñanza, no están exentos de acoso. Paradójicamente, concentran altos niveles de violencia psicológica y sexual, ya que combinan jerarquías verticales, contacto constante con público y una carga emocional elevada que incrementa la vulnerabilidad de las trabajadoras.

Desde una perspectiva territorial, las comunidades autónomas con mayor densidad de empleo público, sanitario y educativo concentran un número más alto de denuncias registradas ante la Inspección de Trabajo y los organismos de igualdad. Sin embargo, esto no necesariamente refleja una mayor incidencia, sino una mayor capacidad de detección, organización sindical y cultura de prevención. En territorios con un tejido empresarial más fragmentado o con predominio de pequeñas empresas, el acoso tiende a permanecer invisible debido a la falta de protocolos formales y canales de denuncia confidenciales.

B. Acoso sexual y por razón de sexo

El acoso sexual y por razón de sexo han adquirido visibilidad progresiva gracias al desarrollo normativo y a la acción de los movimientos feministas. Según la Macroencuesta de Violencia contra la Mujer 2019 (Ministerio de Igualdad), el 40,4 % de las mujeres mayores de 16 años en España ha sufrido alguna forma de acoso sexual a lo largo de su vida.

Los resultados de este estudio muestran que las formas más comunes de acoso sexual son aquellas de tipo verbal o gestual, es decir, las que buscan normalizar comportamientos de connotación sexual en la comunicación cotidiana. Los comentarios y chistes de carácter sexista, los piropos y comentarios sexuales, así como los gestos o miradas insinuantes, figuran entre las conductas más extendidas. También se identifican con frecuencia contactos físicos no deseados y peticiones o invitaciones de naturaleza sexual, tanto dentro como fuera del entorno laboral. Estas prácticas, aunque a menudo se intentan minimizar como "bromas" o "malentendidos", tienen un efecto directo sobre la seguridad psicológica, la autoestima y la permanencia de las mujeres en el empleo.

El estudio también evidencia que las expresiones más frecuentes son las que se disimulan bajo comportamientos sociales aparentemente aceptados, como los chistes o las insinuaciones. Este tipo de acoso cotidiano, a menudo trivializado, normaliza la desigualdad y refuerza estereotipos de género que afectan tanto a la percepción del rol profesional de las mujeres como a su credibilidad en el entorno laboral. Las formas más explícitas —como el contacto físico no consentido o las peticiones de favores sexuales—

son menos habituales, pero resultan especialmente graves por la vulneración directa de la dignidad y el consentimiento.

Además, la macroencuesta revela que una parte importante de las mujeres que han vivido acoso sexual o por razón de sexo no lo ha denunciado, bien por temor a represalias, por desconfianza en la eficacia de los mecanismos internos o por considerar que la conducta no sería tomada en serio. Este silencio institucionalizado muestra que el problema no reside únicamente en las conductas, sino también en la falta de respuesta y sensibilización dentro de las organizaciones.

Anotación

El acoso por razón de sexo no se limita a los comportamientos de índole sexual, sino que abarca todas las situaciones en las que se trata de forma desfavorable a una persona por su género, su embarazo, su maternidad o su expresión de identidad. Estos casos son especialmente frecuentes en mujeres que se encuentran en edad fértil o que asumen responsabilidades de cuidado, y suelen traducirse en obstáculos para la promoción profesional o en presión para abandonar el puesto.

A diferencia de los estudios anteriores, la *Macroencuesta 2019* destaca un aumento significativo en el reconocimiento y verbalización de las experiencias de acoso, más que en la incidencia real del fenómeno. Este cambio refleja un avance en la conciencia social y en la legitimidad del testimonio de las mujeres, impulsado por la sensibilización pública y el fortalecimiento del marco legal. La visibilización de las experiencias personales y la inclusión de la perspectiva de género en las políticas laborales han permitido comprender que el acoso sexual y el acoso por razón de sexo no son hechos aislados, sino **formas sistemáticas de violencia estructural** que requieren respuestas coordinadas entre las instituciones, las empresas y la sociedad civil.

Anotación

El acoso por razón de sexo se manifiesta también en formas de discriminación indirecta, como la exclusión de procesos de promoción o la penalización de la maternidad. Estas prácticas afectan el acceso a la igualdad real.

Las diferencias generacionales son notables: el acoso sexual es más frecuente entre mujeres jóvenes (de 18 a 29 años), mientras que el acoso por razón de sexo se da con mayor prevalencia en mujeres de mediana edad, relacionadas con roles familiares y responsabilidades de cuidado.

La siguiente tabla, elaborada a partir de la Macroencuesta de Violencia contra la Mujer 2019 (Ministerio de Igualdad), muestra la percepción social del acoso sexual en el ámbito laboral y permite observar cómo aún persisten estereotipos y creencias que restan gravedad o responsabilidad a estas conductas:

Afirmaciones sobre el acoso sexual en el trabajo	Totalmente en desacuerdo (0)	1	2	3	4	Totalmente de acuerdo (5)
Las mujeres que dicen haber sido acosadas sexualmente en el trabajo, normalmente suelen exagerar.	43,5 %	16 %	9,5 %	12,4 %	5,7 %	3,5 %
Si una mujer es acosada sexualmente en el lugar de trabajo, tuvo que haber hecho algo para provocarlo.	68 %	12,9 %	6 %	4,9 %	3 %	1,9 %
Las mujeres que esperan semanas o meses para denunciar una situación de acoso sexual en el trabajo, probablemente se la han inventado.	61,4 %	13,7 %	7,2 %	5,6 %	2,8 %	2,5 %
La mayoría de las mujeres se sienten halagadas cuando los hombres con los que trabajan se fijan sexualmente en ellas.	36,5 %	17,5 %	13 %	13,7 %	6,9 %	5 %
Es inevitable que los hombres coqueteen con las mujeres en el trabajo.	41,5 %	13,8 %	11,4 %	12,5 %	8,6 %	9 %
La mayoría de las mujeres en el fondo disfrutan cuando los hombres con los que trabajan se les insinúan sexualmente.	51,2 %	17,4 %	9,7 %	8,7 %	3,6 %	2,7 %
Casi todos los tipos de acoso sexual en el trabajo terminarían si simplemente la mujer le dice al hombre que pare.	30,3 %	14,3 %	12,6 %	11,9 %	9,7 %	15,5 %

La tabla muestra cómo persisten estereotipos y creencias culturales que minimizan o distorsionan la gravedad del acoso sexual en el ámbito laboral. Aunque la mayoría de la población se posiciona en desacuerdo con las afirmaciones más claramente culpabilizadoras, todavía existe un núcleo resistente de actitudes que reproducen mitos sobre el acoso, lo que refleja la permanencia de una mentalidad tolerante hacia este tipo de violencia.

Uno de los aspectos más reveladores es que una parte considerable de la ciudadanía aún percibe que las mujeres "exageran" o "provocan" las situaciones de acoso, lo que pone de manifiesto un sesgo de culpabilización de la víctima. Este prejuicio obstaculiza la denuncia y contribuye a que las personas afectadas experimenten miedo, vergüenza o aislamiento. De igual modo, la creencia de que "bastaría con decir que pare" para detener el acoso evidencia una falta de comprensión sobre las dinámicas de poder y coerción que caracterizan este tipo de violencia: muchas mujeres temen represalias, pérdida de empleo o daño a su reputación profesional si se enfrentan abiertamente a su acosador.

Resulta también significativo que una parte de la población considere "inevitable" el coqueteo o las insinuaciones sexuales en el trabajo, lo que demuestra la normalización de comportamientos sexistas en entornos laborales. Estas actitudes refuerzan la idea de que el acoso forma parte de las interacciones "naturales" entre hombres y mujeres, invisibilizando el desequilibrio de poder y el impacto psicológico que produce.

Anotación

Este tipo de percepciones sociales actúa como barrera estructural para la erradicación del acoso, ya que legitima o trivializa la violencia simbólica. La formación en igualdad y la sensibilización institucional son fundamentales para desactivar estas creencias y fomentar una cultura laboral de respeto.

En conjunto, los resultados de la *Macroencuesta de 2019* confirman que, pese a los avances legislativos y a la mayor sensibilización social, la cultura del consentimiento y del respeto todavía no está plenamente integrada en el ámbito laboral. El reto no se limita a sancionar los casos de acoso, sino también a modificar los imaginarios sociales que lo sustentan, impulsando programas de educación, liderazgo inclusivo y comunicación ética en las organizaciones.

Los datos de la Inspección de Trabajo y Seguridad Social (ITSS) reflejan que el número de actuaciones por acoso ha aumentado en la última década, especialmente tras la entrada en vigor de la Ley Orgánica 3/2007 y de la Ley 10/2022.

Según el informe de la ITSS (2022):

- Se realizaron 1.486 actuaciones inspectoras relacionadas con acoso laboral y sexual.
- Se levantaron 273 actas de infracción, con un importe total de 2,8 millones de euros en sanciones.
- La mayoría de las denuncias correspondieron a mujeres (74%), aunque se observó un aumento de denuncias de hombres respecto a años previos.
- Los sectores con mayor número de actuaciones fueron sanidad, hostelería, educación y comercio minorista.

 Anotación

La Inspección de Trabajo puede actuar de oficio o por denuncia, y sus competencias incluyen exigir la implantación de protocolos, sancionar la inacción y remitir los hechos al ámbito penal si la conducta reviste gravedad.

El acoso laboral no solo constituye una vulneración de derechos, sino también un problema de salud pública. Según el Observatorio Estatal de Condiciones de Trabajo, las personas que sufren acoso presentan niveles significativamente más altos de:

- Estrés laboral crónico.
- Trastornos de ansiedad generalizada.
- Depresión y alteraciones del sueño.
- Problemas cardiovasculares asociados al estrés.

En el plano económico, los costes derivados del acoso incluyen:

- **Costes directos:** bajas médicas, sustituciones temporales, litigios judiciales.

- **Costes indirectos:** descenso de productividad, rotación de personal, pérdida de reputación institucional.

Se estima que las pérdidas anuales por riesgos psicosociales (incluido el acoso) representan entre el 2 % y el 4 % del PIB nacional, según la Agencia Europea para la Seguridad y Salud en el Trabajo.

El acoso en el trabajo evoluciona junto con los cambios sociales y tecnológicos. Entre las tendencias emergentes destacan:

- **Ciberacoso y teletrabajo.** El uso masivo de plataformas digitales tras la pandemia ha incrementado los riesgos de control excesivo, exclusión virtual y sobreexposición.
- **Acoso estructural vinculado a la precariedad.** En entornos con alta temporalidad o subcontratación, las personas trabajadoras se sienten menos seguras para denunciar abusos.
- **Mayor visibilidad mediática y judicial.** Los movimientos #MeToo o #SeAcabó han impulsado una conciencia colectiva, generando presión social sobre las empresas.
- **Integración de políticas de diversidad.** Cada vez más organizaciones adoptan programas de tolerancia cero y formación obligatoria en prevención del acoso, como parte de sus estrategias de responsabilidad social.

Las estadísticas, aunque reveladoras, solo muestran una parte del fenómeno. Detrás de cada número hay personas reales que han visto vulnerada su dignidad y su salud, así como equipos enteros que trabajan bajo miedo o tensión.

El reto actual no es únicamente cuantificar, sino traducir los datos en políticas efectivas de prevención y reparación. Las cifras muestran que el acoso sigue siendo una realidad estructural que afecta a todos los sectores, aunque de manera desigual según el género, la posición laboral y el contexto organizativo.

Fig. 9. Una cultura laboral verdaderamente saludable no se mide solo por la ausencia de denuncias, sino por la presencia activa de respeto, confianza y equidad

Las estadísticas deben inspirar un compromiso ético colectivo para erradicar cualquier forma de violencia laboral.

Resumen

El acoso en el ámbito laboral constituye una de las formas más graves de vulneración de la dignidad y los derechos fundamentales de las personas trabajadoras. Se trata de un conjunto de comportamientos hostiles, reiterados y prolongados en el tiempo, cuyo propósito o efecto es degradar el entorno de trabajo, desestabilizar emocionalmente a la persona afectada o forzar su exclusión. A diferencia de los conflictos laborales comunes, el acoso se caracteriza por un desequilibrio de poder, una intencionalidad lesiva y un impacto sostenido sobre la salud física y psicológica.

Desde el punto de vista jurídico y social, el reconocimiento del acoso es relativamente reciente. Durante siglos, las relaciones laborales se basaron en jerarquías rígidas que legitimaban la humillación o la presión como parte del trabajo. Fue en la segunda mitad del siglo XX cuando, gracias a la psicología del trabajo y a la consolidación de los derechos sociales, se comenzó a estudiar el fenómeno desde una perspectiva científica. El psicólogo sueco Heinz Leymann fue pionero al introducir el término *mobbing* en los años ochenta, describiéndolo como una forma de violencia psicológica repetida que podía derivar en graves daños emocionales y laborales. Desde entonces, la noción de acoso se ha extendido a nivel internacional, incorporando también dimensiones como el acoso sexual o el acoso por razón de sexo.

El acoso laboral adopta múltiples formas y puede manifestarse a través de distintos niveles jerárquicos. El acoso vertical descendente o *bossing* ocurre cuando una persona con poder jerárquico ejerce maltrato hacia una subordinada o subordinado. El acoso ascendente, menos frecuente, tiene lugar cuando un grupo hostiga a su superior, y el acoso horizontal se produce entre personas del mismo nivel, generalmente en contextos de competencia o conflicto interno. También existe el acoso institucional o estructural, vinculado a prácticas organizativas que toleran o promueven entornos de presión y exclusión, y el ciberacoso laboral, derivado de la expansión del trabajo digital y la conectividad constante.

En función de su naturaleza, el acoso puede ser psicológico, físico, sexual o digital. El acoso psicológico o moral, el más común, se ejerce mediante tácticas de desprecio, aislamiento, manipulación o ridiculización. El acoso físico implica agresiones o amenazas directas; el sexual, comportamientos o insinuaciones de carácter sexual no consentidas; y el acoso por razón de sexo, un trato desfavorable basado en el género, la identidad o los roles sociales. A su vez, las motivaciones pueden ser personales —rivalidades o conflictos interpersonales—, discriminatorias —prejuicios por género, edad, discapacidad, orientación sexual o etnia— o institucionales —políticas o culturas empresariales que fomentan la violencia simbólica o la presión laboral extrema—.

En el contexto español, la visibilización del acoso ha sido el resultado de un proceso normativo y social progresivo. La Ley 31/1995 de Prevención de Riesgos Laborales incorporó la dimensión psicosocial de la salud en el trabajo, obligando a las empresas a prevenir situaciones de acoso. Posteriormente, la Ley Orgánica 3/2007 para la Igualdad Efectiva de Mujeres y Hombres y la Ley Orgánica 10/2022 de Garantía Integral de la Libertad Sexual establecieron la obligatoriedad de implantar protocolos específicos frente al acoso sexual y por razón de sexo. A nivel europeo, la Directiva 2006/54/CE refuerza la responsabilidad de los Estados en garantizar entornos laborales libres de violencia y discriminación.

Las cifras disponibles confirman la relevancia del problema. Según el Instituto Nacional de Seguridad y Salud en el Trabajo (INSST, 2023), más del 15 % de la población trabajadora en España afirma haber sufrido algún tipo de acoso o violencia en su empleo. Las mujeres registran mayor incidencia que los hombres, especialmente en sectores como la sanidad, la educación y la administración pública, donde las relaciones interpersonales son intensas y las jerarquías marcadas. La Macroencuesta de Violencia contra la Mujer (2019) revela, además, que casi una de cada cinco mujeres ha vivido acoso sexual en el trabajo, reflejando la persistencia de desigualdades estructurales.

El impacto del acoso trasciende el ámbito individual. Genera daños psicológicos graves, como ansiedad, depresión o estrés postraumático, pero también afecta a la organización, reduciendo la productividad, incrementando el absentismo y deteriorando el clima laboral. A nivel social, supone un coste económico y humano considerable, que incluye bajas médicas, litigios y pérdida de confianza en las instituciones. Las políticas de prevención, formación y actuación inmediata son, por tanto, elementos esenciales de la gestión moderna de la salud laboral y de la responsabilidad social empresarial.

En conclusión, el acoso laboral, sexual o por razón de sexo es una realidad compleja y multifactorial que refleja las tensiones entre poder, género, cultura y estructura organizativa. Su prevención requiere una mirada integral, que combine el cumplimiento normativo con el fomento de una cultura basada en el respeto, la igualdad y la comunicación ética. Las cifras evidencian que todavía existen resistencias y silencios, pero también muestran una tendencia positiva hacia la concienciación, la denuncia y la acción preventiva, pilares fundamentales para avanzar hacia entornos de trabajo seguros, inclusivos y libres de violencia.

Glosario

Acoso ascendente

Tipo de acoso en el que una o varias personas subordinadas hostigan a una persona con cargo superior.

Acoso digital o ciberacoso laboral

Hostigamiento a través de medios electrónicos, como mensajes, correos o redes internas de comunicación corporativa.

Acoso discriminatorio

Conducta de hostigamiento basada en prejuicios relacionados con sexo, edad, etnia, orientación sexual, religión o discapacidad.

Acoso horizontal

Acoso ejercido entre personas del mismo nivel jerárquico dentro de una organización.

Acoso institucional

Situación en la que la organización, por acción u omisión, permite o fomenta el acoso mediante su estructura o cultura interna.

Acoso laboral

Conjunto de conductas hostiles, reiteradas y prolongadas que buscan degradar el entorno de trabajo o desestabilizar emocionalmente a una persona.

Acoso moral

Forma de violencia psicológica en el trabajo caracterizada por humillaciones, aislamiento o desprestigio continuado hacia una persona.

Acoso organizacional o estratégico

Uso intencionado del acoso como herramienta de gestión para presionar o inducir la renuncia de una persona trabajadora.

Acoso por razón de sexo

Trato desfavorable o discriminatorio basado en el género, identidad sexual o roles socialmente asignados a hombres y mujeres.

Acoso sexual

Cualquier comportamiento, verbal o físico, de naturaleza sexual no consentido que atenta contra la dignidad o crea un entorno intimidatorio.

Acoso vertical descendente (bossing)

Acoso ejercido por una persona con autoridad sobre otra subordinada, utilizando su posición para humillar o forzar su salida del puesto.

Ambiente laboral hostil

Entorno de trabajo en el que las conductas de acoso o discriminación deterioran la convivencia y la seguridad psicológica.

Cultura preventiva

Conjunto de valores, actitudes y prácticas organizacionales orientadas a la seguridad, la salud y la prevención de riesgos laborales.

Dignidad laboral

Derecho inherente de toda persona a ser tratada con respeto, igualdad y sin humillaciones en su entorno de trabajo.

Estrés laboral

Respuesta física y emocional ante demandas del trabajo percibidas como excesivas o incontrolables.

INSST (Instituto Nacional de Seguridad y Salud en el Trabajo)

Organismo público español encargado de investigar, promover y coordinar políticas de prevención de riesgos laborales, incluyendo los psicosociales.

Interseccionalidad

Enfoque que analiza cómo diferentes factores de discriminación (género, clase, raza, edad, orientación sexual) interactúan entre sí.

Jerarquía laboral

Estructura de autoridad en la organización que define los niveles de responsabilidad y puede influir en la aparición del acoso.

Leymann Inventory of Psychological Terrorization (LIPT)

Instrumento de evaluación diseñado por Heinz Leymann para medir la frecuencia y gravedad de las conductas de acoso psicológico.

Microagresiones

Conductas sutiles, repetitivas y generalmente no intencionadas que desvalorizan o discriminan a una persona o grupo.

OIT (Organización Internacional del Trabajo)

Agencia de Naciones Unidas que promueve derechos laborales, incluyendo el derecho a un entorno libre de violencia y acoso.

Plan de igualdad

Conjunto de medidas adoptadas por una empresa para garantizar la igualdad real entre mujeres y hombres, incluyendo la prevención del acoso.

Protocolo de acoso

Documento interno que establece los procedimientos para prevenir, detectar e intervenir ante casos de acoso laboral o sexual.

Riesgo psicosocial

Factores derivados de la organización del trabajo que pueden afectar la salud mental, emocional o social de las personas.

Violencia de género en el trabajo

Formas de violencia física, psicológica o sexual ejercidas contra una persona por razón de su género o identidad sexual en el ámbito laboral.

Violencia laboral

Cualquier acción, incidente o comportamiento que cause daño físico, psicológico o moral en el contexto del trabajo.

Ejercicios de autoevaluación

1. El acoso laboral se define como:

    a. Un conflicto puntual entre dos personas.

    b. Una conducta hostil, reiterada y sistemática que degrada el entorno laboral.

    c. Un malentendido de comunicación entre equipos.

    d. Una forma de competencia normal en las empresas.

2. La característica esencial del acoso laboral es:

    a. Que siempre incluye violencia física.

    b. Que afecta únicamente a personas con cargos jerárquicos altos.

    c. Que implica repetición y continuidad en el tiempo.

    d. Que se da solo en entornos públicos.

3. El concepto de *mobbing* fue introducido por:

    a. Sigmund Freud.

    b. Viktor Frankl.

    c. Heinz Leymann.

    d. Daniel Goleman.

4. En el acoso vertical descendente (*bossing*):

    a. La persona acosadora tiene poder jerárquico sobre la víctima.

    b. La víctima acosa a su superior.

    c. Se da entre personas del mismo rango.

    d. No existe relación jerárquica alguna.

5. El acoso horizontal se caracteriza por:

a. Ser un conflicto entre sindicatos.

b. Ocurrir entre diferentes departamentos.

c. Darse entre personas del mismo nivel jerárquico.

d. Ser exclusivo de las empresas grandes.

6. El acoso institucional se origina principalmente en:

a. Factores externos al trabajo.

b. Problemas personales entre compañeros.

c. Estructuras organizativas o políticas internas que lo permiten.

d. Relaciones afectivas en el ámbito laboral.

7. El acoso sexual implica:

a. Comentarios positivos sobre la apariencia de alguien.

b. Cualquier interacción voluntaria entre personas adultas.

c. Diferencias salariales entre hombres y mujeres.

d. Comportamientos de naturaleza sexual no consentidos.

8. El acoso por razón de sexo se diferencia del acoso sexual en que:

a. Siempre incluye contacto físico.

b. Se basa en el trato desfavorable por el género o identidad.

c. Ocurre solo fuera del horario laboral.

d. No vulnera la igualdad de trato.

9. ¿Cuál de los siguientes ejemplos constituye acoso psicológico?

a. Un desacuerdo puntual sobre un proyecto.

b. Un cambio temporal de tareas.

c. Difundir rumores para dañar la reputación de una persona.

d. Una evaluación objetiva del desempeño.

10.El desequilibrio de poder en el acoso laboral puede ser:

a. Solo jerárquico.

b. Solo económico.

c. Jerárquico o informal, según el contexto.

d. Inexistente, ya que el acoso requiere igualdad.

U. A. 2. Marco legal normativo

Introducción

El marco legal y normativo constituye la base sobre la que se sustentan todas las políticas y medidas de prevención del acoso laboral. La existencia de un sistema jurídico sólido permite no solo sancionar las conductas de acoso una vez ocurridas, sino, sobre todo, prevenir su aparición mediante la regulación y el cumplimiento efectivo de la normativa. En este contexto, tanto la legislación nacional como la internacional desempeñan un papel esencial al definir los derechos de los trabajadores, las obligaciones de las empresas y los mecanismos de protección ante situaciones de hostigamiento.

En España, el acoso laboral, sexual y por razón de sexo se aborda desde una perspectiva transversal en la normativa de igualdad, prevención de riesgos laborales y relaciones laborales, siendo el Estatuto de los Trabajadores, la Ley de Prevención de Riesgos Laborales, la Ley Orgánica 3/2007 para la igualdad efectiva de mujeres y hombres, y los convenios de la Organización Internacional del Trabajo (OIT) los principales referentes. A nivel europeo, diversas directivas y resoluciones refuerzan la obligación de los Estados miembros de garantizar entornos laborales libres de acoso, estableciendo normas comunes para promover la igualdad de trato, la dignidad y la no discriminación.

Por otra parte, las empresas no solo deben conocer estas leyes, sino también aplicar políticas de cumplimiento normativo (compliance) que aseguren la correcta gestión de los riesgos psicosociales relacionados con el acoso. Las Administraciones Públicas, igualmente, están sujetas a un marco específico que exige protocolos y actuaciones preventivas conforme a los principios de transparencia y equidad.

El conocimiento del marco normativo resulta, por tanto, indispensable para entender cómo se articula la responsabilidad legal y social de las organizaciones frente al acoso, y cómo deben actuar los distintos agentes —empleadores, trabajadores y autoridades— para garantizar entornos laborales seguros, respetuosos e inclusivos.

Objetivos

- Identificar la normativa nacional e internacional que regula la prevención y sanción del acoso laboral, sexual y por razón de sexo.
- Comprender las obligaciones legales que corresponden a las empresas y a las Administraciones Públicas en materia de prevención y actuación frente al acoso.
- Analizar la relación entre el cumplimiento normativo y la gestión preventiva, entendiendo la importancia del compliance en el entorno laboral.
- Reconocer las competencias y responsabilidades de los distintos organismos públicos y privados en la aplicación del marco jurídico.
- Aplicar los principios legales y éticos que garantizan la protección efectiva de las personas trabajadoras frente a cualquier forma de acoso.

1. Legislación nacional e internacional sobre acoso en el ámbito laboral

El acoso en el ámbito laboral constituye una vulneración grave de los derechos fundamentales de las personas trabajadoras, especialmente del derecho a la dignidad, a la integridad moral y a la igualdad. Desde el punto de vista jurídico, el acoso no es únicamente una cuestión de convivencia o de gestión interna de los recursos humanos: es una conducta sancionable, regulada por un entramado normativo que combina legislación laboral, penal, administrativa y civil.

La importancia de este marco reside en que define las obligaciones legales de las empresas y administraciones públicas para prevenir, detectar y actuar ante cualquier situación de hostigamiento. Asimismo, otorga a las personas trabajadoras el derecho a reclamar, denunciar y recibir protección frente a estos comportamientos.

Fig. 1. El conocimiento del marco normativo no es solo una herramienta técnica, sino también una garantía ética de respeto, equidad y justicia dentro de las organizaciones

A. Legislación nacional sobre acoso laboral

España cuenta con un conjunto de normas que, de manera directa o indirecta, regulan el acoso en el entorno laboral. Estas normas conforman un sistema jurídico de protección integral frente a las distintas manifestaciones del acoso: moral, sexual o por razón de sexo.

Las principales referencias legales en el ordenamiento jurídico español son las siguientes:

- **Constitución Española (1978).** La Constitución establece el fundamento de todos los derechos que protegen a las personas frente al acoso. En particular:
  - El **artículo 10.1** reconoce la dignidad de la persona y los derechos inviolables que le son inherentes como fundamento del orden político y de la paz social.
  - El **artículo 14** consagra el principio de igualdad y no discriminación por razón de sexo, religión, opinión o cualquier otra condición o circunstancia personal o social.
  - El **artículo 15** protege el derecho a la integridad física y moral.
  - El **artículo 40.2** encomienda a los poderes públicos la promoción de una política orientada a la seguridad e higiene en el trabajo.

Estas disposiciones constituyen la base constitucional sobre la que se asientan las políticas preventivas frente al acoso.

- **Estatuto de los Trabajadores (Real Decreto Legislativo 2/2015).** El Estatuto de los Trabajadores, norma esencial de las relaciones laborales, recoge en su artículo 4.2.e) el derecho de las personas trabajadoras a su integridad física y a una adecuada política de seguridad e higiene. Asimismo, en su artículo 4.2.c), garantiza el respeto a la intimidad y la consideración debida a su dignidad, comprendida la protección frente al acoso.

Además, el artículo 54.2.g) califica como causa de despido disciplinario las ofensas verbales o físicas al empleador, a las compañeras o compañeros de trabajo, incluyendo las conductas de acoso sexual o por razón de sexo.

Ejemplo

Si una persona en la empresa realiza comentarios humillantes reiterados hacia una compañera o compañero, afectando su autoestima y creando un entorno hostil, la organización no solo debe intervenir, sino que puede aplicar sanciones disciplinarias, ya que el Estatuto ampara el derecho a la dignidad y prohíbe estas conductas.

- **Ley 31/1995, de Prevención de Riesgos Laborales (LPRL).** El acoso laboral, sexual o por razón de sexo se considera un riesgo psicosocial que afecta a la salud mental y emocional de las personas trabajadoras. Por ello, la LPRL impone a las empresas la obligación de evaluar y prevenir todos los riesgos relacionados con la organización del trabajo, incluyendo aquellos derivados de la violencia psicológica o moral.

  El **artículo 14** establece el derecho de las personas trabajadoras a una protección eficaz en materia de seguridad y salud en el trabajo, mientras que el **artículo 15** obliga a las empresas a aplicar los principios de acción preventiva, tales como evitar los riesgos o adaptarse a la persona trabajadora.

  La jurisprudencia del Tribunal Supremo ha consolidado la idea de que el acoso psicológico constituye una infracción muy grave de la LPRL, ya que supone un atentado contra la dignidad de la persona y un riesgo para su salud integral.

Fig. 2. La prevención del acoso no puede limitarse a la elaboración de protocolos formales; la ley exige un enfoque activo, que incluya formación, sensibilización, evaluación de riesgos y medidas correctivas

- **Ley Orgánica 3/2007, para la igualdad efectiva de mujeres y hombres.** Esta norma constituye un pilar fundamental en la lucha contra el acoso sexual y por razón de sexo. En su artículo 7, define con claridad ambas conductas:
  - **Acoso sexual:** cualquier comportamiento, verbal o físico, de naturaleza sexual que tenga el propósito o produzca el efecto de atentar contra la dignidad de una persona, en particular cuando se crea un entorno intimidatorio, degradante u ofensivo.

o **Acoso por razón de sexo:** cualquier comportamiento realizado en función del sexo de una persona, con el propósito o efecto de atentar contra su dignidad o crear un entorno humillante o intimidatorio.

La ley obliga a las empresas a promover condiciones laborales que eviten el acoso y a arbitrar procedimientos específicos para su prevención y denuncia. En el caso de las empresas con más de 50 personas trabajadoras, el plan de igualdad debe incorporar medidas concretas para la prevención del acoso sexual y por razón de sexo.

Legislación

La Ley 4/2023, para la igualdad real y efectiva de las personas trans y para la garantía de los derechos LGTBI, amplía la protección frente al acoso por orientación o identidad sexual, reforzando el deber de las empresas de crear entornos inclusivos y respetuosos.

- **Código Penal (Ley Orgánica 10/1995).** El acoso laboral puede tener consecuencias penales. En su artículo 173.1, el Código Penal castiga el acoso moral como delito contra la integridad moral, cuando una persona ejerce sobre otra de forma reiterada comportamientos hostiles o humillantes que supongan un grave acoso.

  Asimismo, el artículo 184 tipifica el acoso sexual como delito, imponiendo penas de prisión o multa según la gravedad de los hechos y el abuso de posición jerárquica.

  Este tratamiento penal subraya que el acoso no es una simple falta laboral o disciplinaria, sino una conducta delictiva que vulnera los derechos humanos fundamentales.

- **Ley General de la Seguridad Social (Real Decreto Legislativo 8/2015).** La Ley General de la Seguridad Social reconoce las secuelas del acoso como posibles contingencias profesionales. Si se demuestra que los daños psíquicos o físicos derivan de una situación de acoso en el trabajo, la persona afectada puede tener derecho a **prestaciones por accidente de trabajo o enfermedad profesional**, según la calificación que determine la autoridad laboral.

B. Legislación internacional y europea

La prevención del acoso laboral trasciende las fronteras nacionales. Diversos organismos internacionales —principalmente la Organización Internacional del Trabajo (OIT), la Unión Europea (UE) y el Consejo de Europa— han establecido normas y recomendaciones que obligan o inspiran a los Estados a garantizar un entorno laboral libre de violencia y discriminación.

Sus principales instrumentos son los siguientes:

- **Convenio 190 de la OIT sobre la violencia y el acoso (2019).** Adoptado en 2019, este convenio representa el primer tratado internacional vinculante que aborda de forma integral la violencia y el acoso en el mundo del trabajo. Define el acoso como un conjunto de comportamientos y prácticas inaceptables que tienen por objeto, o que pueden causar, daño físico, psicológico, sexual o económico.

  España ratificó este convenio en 2022, comprometiéndose a integrar sus disposiciones en la legislación nacional. Entre sus obligaciones se incluyen:
  o La adopción de políticas integrales de prevención.
  o La sensibilización y formación de todo el personal.
  o La protección de las víctimas y el acceso efectivo a la justicia.
  o La inclusión del acoso en la evaluación de riesgos laborales.

 Ejemplo

En países como Francia o Suecia, la transposición del Convenio 190 ha llevado a reforzar los mecanismos internos de denuncia anónima y el acompañamiento psicológico obligatorio en casos de acoso laboral.

- **Carta Social Europea y Convenio Europeo de Derechos Humanos.** Ambos textos, suscritos por España, garantizan el derecho a condiciones de trabajo equitativas y seguras, y la protección de la dignidad humana en el ámbito profesional.

Fig. 3. El Tribunal Europeo de Derechos Humanos (TEDH) ha establecido en su jurisprudencia que los Estados deben prevenir, investigar y sancionar los casos de acoso, pues su omisión vulnera el derecho a la integridad y al respeto a la vida privada

- **Directivas de la Unión Europea.** La UE ha aprobado diversas directivas que configuran el marco normativo de referencia para todos los Estados miembros. Entre ellas destacan:
  - ○ **Directiva 2000/78/CE**, que establece un marco general para la igualdad de trato en el empleo y la ocupación.
  - ○ **Directiva 2006/54/CE**, relativa a la aplicación del principio de igualdad de oportunidades e igualdad de trato entre mujeres y hombres en asuntos de empleo y ocupación.
  - ○ **Directiva 89/391/CEE**, sobre la aplicación de medidas para promover la mejora de la seguridad y de la salud de las personas trabajadoras en el trabajo, base de la Ley de Prevención de Riesgos Laborales española.

Sus características principales son las que siguen:

Directiva	Año	Contenido esencial	Aplicación práctica
2000/78/CE	2000	Prohíbe la discriminación por religión, discapacidad, edad u orientación sexual.	Incluye el acoso como forma de discriminación indirecta.
2006/54/CE	2006	Promueve la igualdad de género en el empleo.	Obliga a los Estados a tipificar el acoso sexual y por razón de sexo.
89/391/CEE	1989	Introduce la prevención de riesgos laborales en la UE.	Integra el acoso como riesgo psicosocial que debe ser evaluado.

C. Armonización y coherencia entre niveles normativos

Uno de los retos más importantes en la prevención del acoso es la coherencia entre los marcos internacionales, europeos y nacionales. Las normas internacionales sirven como base y guía, pero su aplicación práctica depende de la transposición a las leyes estatales.

España ha avanzado en la alineación de su legislación con las normas europeas y con el Convenio 190 de la OIT, pero todavía existen desafíos relacionados con la coordinación entre los distintos niveles administrativos, la homogeneización de los protocolos y la formación efectiva en igualdad y prevención.

Recuerda

La prevención del acoso debe entenderse como una obligación de resultado, no de mera intención: las empresas no solo deben tener políticas, sino demostrar su eficacia a través de indicadores, auditorías y revisiones periódicas.

La legislación nacional e internacional conforma un sistema interconectado de protección de la dignidad en el trabajo. Este sistema exige a las empresas, instituciones y administraciones públicas adoptar una postura activa y comprometida frente al acoso, integrando la prevención en todas las dimensiones de la gestión laboral.

Solo a través de la aplicación coherente de este marco normativo —sostenido en los principios de igualdad, respeto, justicia y reparación— es posible construir entornos laborales seguros, inclusivos y saludables, donde cada persona pueda desarrollar su actividad profesional libre de cualquier forma de violencia o discriminación.

2. Cumplimiento normativo y obligaciones de las empresas

El concepto de **cumplimiento normativo** —también conocido como *compliance*— hace referencia al conjunto de políticas, procedimientos y controles internos que las organizaciones adoptan para garantizar el respeto de la ley, los códigos éticos y las normas internas. En el ámbito de la prevención del acoso laboral, el cumplimiento normativo no se limita a evitar sanciones legales, sino que se configura como una obligación moral, social y empresarial orientada a proteger la dignidad, la salud y la igualdad de todas las personas trabajadoras.

Las empresas, tanto privadas como públicas, tienen la responsabilidad jurídica y social de prevenir, detectar y actuar ante cualquier forma de acoso laboral, sexual o por razón de sexo. El cumplimiento normativo no es una opción, sino una exigencia derivada de la legislación vigente —especialmente la Ley de Prevención de Riesgos Laborales, la Ley Orgánica 3/2007 y el Código Penal— y de los compromisos internacionales ratificados por España.

El cumplimiento efectivo de la normativa preventiva implica que la empresa debe actuar con **diligencia debida**, anticipándose a los riesgos, estableciendo medidas de control, capacitando a su personal y garantizando canales seguros de denuncia.

Anotación

El principio de diligencia debida obliga a las organizaciones a actuar de forma proactiva. No basta con tener un protocolo de acoso "por si acaso": deben implementarse medidas que prevengan activamente la aparición de situaciones de riesgo.

El marco legal impone a las organizaciones una serie de **obligaciones específicas** que aseguran la protección integral frente al acoso en todas sus manifestaciones. Estas obligaciones derivan tanto de la normativa estatal como de los compromisos internacionales ratificados por España.

Sus principales responsabilidades son las que siguen:

- **Evaluar los riesgos psicosociales** relacionados con el acoso, dentro de la evaluación general de riesgos laborales.
- **Adoptar medidas preventivas** adecuadas, incluyendo la formación, sensibilización y promoción del respeto en el trabajo.
- **Establecer protocolos de prevención y actuación** frente al acoso laboral, sexual o por razón de sexo, adaptados a la naturaleza y tamaño de la empresa.
- **Garantizar canales de denuncia confidenciales y seguros**, que protejan a la persona denunciante de represalias.
- **Investigar los hechos denunciados con imparcialidad**, respetando la presunción de inocencia y la dignidad de todas las partes.
- **Sancionar las conductas probadas de acoso**, aplicando el régimen disciplinario conforme al Estatuto de los Trabajadores y a los convenios colectivos.
- **Proporcionar apoyo psicológico, médico o jurídico** a las personas afectadas, especialmente en casos de acoso grave o reiterado.
- **Registrar y documentar todas las actuaciones** relacionadas con la prevención y gestión del acoso, como parte del sistema de cumplimiento normativo.
- **Revisar periódicamente el protocolo** para verificar su eficacia y adaptarlo a los cambios normativos o estructurales.

Ejemplo

Una empresa de servicios tecnológicos realiza anualmente una evaluación de riesgos psicosociales y detecta que el 20 % del personal percibe un clima de presión excesiva y desconfianza hacia la dirección. Ante ello, la empresa implementa una campaña de sensibilización, revisa sus procedimientos de comunicación interna y actualiza su protocolo de acoso.

Esta actuación no solo cumple con la ley, sino que fortalece la cultura organizacional y reduce la rotación de personal.

La **Ley 31/1995, de Prevención de Riesgos Laborales (LPRL)**, establece en su **artículo 14** el derecho de todas las personas trabajadoras a una protección eficaz frente a los riesgos derivados del trabajo. Este mandato incluye los riesgos psicosociales, como el estrés, el *burnout* o el acoso psicológico.

Según el **artículo 16**, la empresa debe evaluar estos riesgos y planificar la acción preventiva correspondiente, lo que implica analizar factores organizativos, estilos de liderazgo, cargas de trabajo y dinámicas interpersonales que puedan facilitar conductas de hostigamiento.

El incumplimiento de esta obligación puede acarrear sanciones administrativas graves, conforme al **Real Decreto Legislativo 5/2000**, que regula la Ley sobre Infracciones y Sanciones en el Orden Social (LISOS).

Anotación

La Inspección de Trabajo y Seguridad Social puede imponer sanciones que oscilan entre 40 € y 819.780 €, dependiendo de la gravedad del incumplimiento. Además, la empresa puede ser civilmente responsable de los daños ocasionados a la persona afectada.

El cumplimiento normativo no puede reducirse a un documento o a un protocolo formal. Requiere integrarse en la **cultura organizacional**, de manera que la ética, la igualdad y el respeto sean principios transversales en todas las decisiones empresariales.

Para ello, las empresas deben desarrollar un **sistema de gestión de cumplimiento** que incluya, al menos, los siguientes elementos:

Elemento del sistema de cumplimiento	Descripción	Finalidad
Compromiso de la dirección	Declaración formal y pública contra el acoso.	Garantizar la implicación del liderazgo.
Código ético y de conducta	Documento que recoge los valores y principios de convivencia.	Servir como guía para todas las personas trabajadoras.
Protocolos de prevención y actuación	Procedimientos claros para prevenir, denunciar y resolver casos.	Asegurar la respuesta rápida y justa ante posibles incidentes.
Canales de comunicación confidenciales	Sistemas de denuncia internos o externos.	Facilitar la comunicación segura de posibles casos.
Formación y sensibilización	Programas formativos periódicos.	Promover actitudes respetuosas y detectar señales de acoso.
Supervisión y auditoría	Evaluación periódica del cumplimiento normativo.	Comprobar la eficacia del sistema y mejorar las políticas.

 **Saber más**

La norma ISO 37301:2021 (Compliance Management Systems) ofrece un marco internacional para la implantación de sistemas de gestión del cumplimiento, adaptable a la prevención del acoso. Su aplicación en empresas medianas y grandes permite estructurar de forma certificable el compromiso ético y legal de la organización.

Desde la reforma del **Código Penal de 2010**, las personas jurídicas pueden ser penalmente responsables de los delitos cometidos en su seno, incluyendo el acoso sexual (art. 184) o el acoso moral (art. 173), cuando estos se produzcan como consecuencia de una falta de control o supervisión por parte de la empresa.

Esto implica que, si una organización carece de un sistema eficaz de prevención o no actúa ante denuncias de acoso, puede enfrentarse a sanciones que incluyen multas, suspensión de actividades, inhabilitación o incluso disolución.

Fig. 4. La única vía para eximirse o atenuar esta responsabilidad es demostrar la existencia de un modelo de prevención eficaz, implantado antes de la comisión del delito y supervisado por un órgano de control independiente (por ejemplo, un comité de ética o de cumplimiento)

Ejemplo

Una entidad pública fue sancionada tras demostrarse que conocía casos de acoso reiterado en un departamento y no adoptó medidas para detenerlo. Aunque el acoso lo ejercía una persona concreta, la omisión institucional constituyó una responsabilidad corporativa por falta de diligencia debida.

El compromiso de la alta dirección y de los mandos intermedios es clave para el éxito de cualquier política de prevención. La normativa exige que estas figuras actúen como agentes activos del cumplimiento normativo, evitando conductas que puedan interpretarse como permisivas o negligentes.

Entre sus deberes destacan:

- Promover un clima de respeto e igualdad en sus equipos.
- Detectar y comunicar de inmediato posibles situaciones de acoso.
- Colaborar en los procesos de investigación interna.
- Garantizar la confidencialidad y protección de las personas involucradas.
- Participar en la formación continua en prevención del acoso y liderazgo ético.

Ejemplo

Una jefa de equipo observa comportamientos despectivos hacia una persona recién incorporada. En lugar de ignorarlo, comunica la situación al área de recursos humanos, activa el protocolo interno y ofrece apoyo a la persona afectada.

Su actuación evita la escalada del conflicto y demuestra el valor del liderazgo preventivo.

La formación en materia de acoso no es una recomendación, sino una **obligación legal derivada de la LPRL y de la Ley de Igualdad**. Toda persona con responsabilidades jerárquicas o de representación laboral debe recibir formación específica sobre prevención, detección y gestión de situaciones de acoso.

Esta formación debe incluir:

- Conceptos jurídicos básicos sobre acoso.
- Procedimientos de denuncia y actuación.
- Consecuencias legales y disciplinarias.
- Comunicación empática y resolución de conflictos.
- Perspectiva de género e inclusión.

La formación continua refuerza el cumplimiento normativo y contribuye a crear una cultura de respeto y seguridad emocional dentro de la organización.

El cumplimiento normativo requiere una **comunicación interna transparente**, que garantice que todas las personas de la organización conocen sus derechos y deberes. Las políticas y protocolos deben estar accesibles, ser comprensibles y difundirse mediante canales claros: intranet corporativa, tablones digitales, sesiones informativas o boletines internos.

La transparencia refuerza la confianza, reduce la desinformación y evita rumores que puedan deteriorar el clima laboral.

Anotación

Una política de prevención es ineficaz si las personas trabajadoras desconocen su existencia o no confían en los mecanismos de denuncia. La confianza se construye con claridad, coherencia y ejemplos reales de actuación justa.

El cumplimiento normativo no es estático. Las empresas deben establecer mecanismos de **seguimiento y evaluación periódica,** de forma que se pueda comprobar la eficacia real de sus políticas y detectar oportunidades de mejora.

Este proceso de mejora continua incluye:

1. Auditorías internas y externas del sistema de cumplimiento.
2. Evaluación de la aplicación del protocolo de acoso.
3. Encuestas de clima laboral y percepción de respeto.
4. Revisión de las denuncias presentadas y su resolución.
5. Actualización de los procedimientos conforme a cambios normativos.

La mejora continua no solo cumple con la normativa, sino que consolida una cultura organizacional basada en la ética, la prevención y la corresponsabilidad.

Recuerda

El cumplimiento normativo en materia de acoso laboral constituye un compromiso integral entre legalidad, ética y cultura organizacional. No basta con cumplir la letra de la ley; se requiere interiorizar sus principios y traducirlos en prácticas reales que protejan a las personas, fortalezcan la cohesión del equipo y consoliden la reputación de la organización.

Solo cuando las empresas comprenden que la prevención del acoso es parte de su gestión estratégica y de su responsabilidad social, pueden garantizar entornos laborales verdaderamente seguros, inclusivos y dignos.

3. El acoso laboral en las Administraciones Públicas

El acoso laboral no es exclusivo del sector privado. También se manifiesta en el entorno de las **Administraciones Públicas**, donde adquiere características específicas derivadas de su estructura jerárquica, su estabilidad laboral y la complejidad burocrática.

En el sector público, el acoso puede verse encubierto bajo dinámicas institucionales o de poder, donde la persona acosadora se ampara en su posición jerárquica o en la rigidez administrativa para ejercer conductas hostiles, humillantes o discriminatorias. Estas conductas pueden manifestarse mediante la exclusión profesional, la sobrecarga o vaciamiento de funciones, la difamación, la asignación injustificada de tareas o la falta deliberada de información, generando un entorno laboral tóxico que afecta no solo a la víctima, sino también a la eficiencia del servicio público.

Fig. 5. Las Administraciones, como garantes del interés general, tienen un deber reforzado de ejemplaridad y protección, pues el respeto a la dignidad y a la igualdad en el trabajo forma parte de los principios constitucionales que deben inspirar toda actuación pública

Anotación

El principio de ejemplaridad obliga a las instituciones públicas a actuar con especial diligencia. No basta con sancionar el acoso cuando se produce: deben demostrar que no toleran ninguna conducta que lo favorezca o encubra.

El marco normativo que regula el acoso en las Administraciones Públicas combina la legislación general aplicable a cualquier empresa con disposiciones específicas para el personal funcionario y laboral del sector público.

Entre las normas más relevantes se encuentran:

- **Constitución Española (1978).** Los artículos 9.2 y 103 de la Constitución imponen a los poderes públicos el deber de promover las condiciones para que la igualdad de las personas y la libertad sean reales y efectivas, y establecen que la Administración debe servir con objetividad los intereses generales, actuando de acuerdo con los principios de eficacia, jerarquía y legalidad.

  El acoso vulnera directamente estos principios, pues implica un uso arbitrario del poder público y atenta contra la imparcialidad y la dignidad que deben regir la función pública.

- **Ley 31/1995, de Prevención de Riesgos Laborales (LPRL).** Aplicable a todo el personal que preste servicios en las Administraciones Públicas, la LPRL obliga a las instituciones a evaluar y prevenir los riesgos psicosociales, incluyendo el acoso laboral, sexual o por razón de sexo. El artículo 3 de la Ley establece que las Administraciones Públicas deben aplicar la normativa preventiva teniendo en cuenta sus particularidades organizativas, pero sin reducir el nivel de protección de las personas empleadas.

 Ejemplo

En una Consejería autonómica, un jefe de servicio comienza a aislar progresivamente a una técnica, excluyéndola de reuniones y negándole acceso a información esencial. Este comportamiento constituye un riesgo psicosocial y debe ser evaluado en el plan de prevención del organismo, como exige la LPRL.

- **Ley del Estatuto Básico del Empleado Público (Real Decreto Legislativo 5/2015).** Esta norma es el pilar jurídico principal del empleo público. En su artículo 14, reconoce el derecho de las personas empleadas públicas a recibir trato respetuoso y a no ser discriminadas ni acosadas por ninguna causa. Asimismo, el **artículo 95.2.b)** considera falta muy grave todo acto de acoso laboral, sexual o por razón de sexo, previendo sanciones que pueden llegar a la separación del servicio para el personal funcionario o al despido disciplinario para el personal laboral.

El **artículo 53.2**, dentro del Código de Conducta, exige que las personas empleadas públicas respeten la igualdad entre mujeres y hombres y eviten toda actuación que pueda generar acoso o discriminación.

Estas disposiciones refuerzan la idea de que el acoso no es un conflicto interpersonal, sino una infracción disciplinaria y ética de máxima gravedad en el servicio público.

- **Ley Orgánica 3/2007, para la igualdad efectiva de mujeres y hombres.** Las Administraciones Públicas tienen una obligación activa de promover la igualdad y prevenir el acoso sexual o por razón de sexo. El artículo 51 de esta Ley establece que las Administraciones deben integrar el principio de igualdad en todas sus políticas de recursos humanos, garantizando que sus protocolos de actuación sean efectivos y accesibles. Por tanto, no basta con disponer de un protocolo formal: debe implementarse, comunicarse y evaluarse periódicamente.

- **Ley 4/2023, para la igualdad real y efectiva de las personas trans y para la garantía de los derechos LGTBI.** Introduce una novedad significativa al obligar a las Administraciones Públicas a proteger frente al acoso por orientación sexual, identidad de género, expresión de género o características sexuales. El incumplimiento de estas medidas puede acarrear sanciones administrativas y la pérdida de subvenciones públicas.

- **Convenios colectivos y acuerdos específicos.** Además de las leyes, existen acuerdos sectoriales, convenios colectivos y protocolos propios que refuerzan las medidas preventivas en el ámbito público. Por ejemplo, el "Protocolo de actuación frente al acoso sexual y por razón de sexo en la Administración General del Estado" o los equivalentes en comunidades autónomas y ayuntamientos.

Estos instrumentos tienen carácter vinculante y establecen procedimientos internos de denuncia, investigación y resolución, con garantías de confidencialidad y acompañamiento a la persona afectada.

En el contexto de la Administración, el acoso puede adoptar **formas específicas** relacionadas con la estructura jerárquica, los procedimientos administrativos y la estabilidad laboral.

Sus principales manifestaciones son las que siguen:

- **Acoso descendente o vertical**: el más habitual. Una persona con poder jerárquico utiliza su posición para humillar, aislar o controlar de forma abusiva a una persona subordinada. Por ejemplo: un superior que asigna tareas imposibles de cumplir para forzar el abandono del puesto.
- **Acoso ascendente**: un grupo de subordinadas o subordinados hostiga a una persona superior jerárquica para desestabilizarla o forzar su traslado. Por ejemplo: un equipo que difunde rumores y boicotea las decisiones de una jefa recién nombrada.
- **Acoso horizontal**: entre compañeras y compañeros del mismo nivel, generalmente motivado por rivalidad, celos profesionales o discriminación.
- **Acoso institucional o de sistema**: cuando la propia organización tolera, encubre o reproduce comportamientos de acoso mediante inacción o normas internas injustas, convirtiendo la violencia en parte del funcionamiento habitual.

Anotación

En el sector público, la inacción institucional puede considerarse una forma de acoso indirecto. Si la Administración conoce una situación de hostigamiento y no actúa, incurre en responsabilidad administrativa y patrimonial.

Las Administraciones no son meros observadores: son **responsables directas** de garantizar entornos de trabajo seguros, inclusivos y respetuosos. Esta responsabilidad puede ser de tres tipos:

Tipo de responsabilidad	Descripción	Ejemplo
Administrativa	Derivada de infracciones a la normativa de prevención o igualdad.	Falta de protocolo o formación en prevención.
Disciplinaria	Aplicable a la persona agresora o cómplice.	Expediente a un funcionario por trato degradante hacia una compañera.
Patrimonial	La Administración debe indemnizar a la persona víctima por daños morales o psicológicos.	Sentencia que condena a un ayuntamiento por acoso institucional prolongado.

Todas las Administraciones deben contar con un protocolo de prevención y actuación frente al acoso laboral, sexual y por razón de sexo, de acuerdo con las directrices de la Ley Orgánica 3/2007 y el Estatuto Básico del Empleado Público.

Estos protocolos establecen procedimientos claros que incluyen:

1. Definición de acoso y conductas tipificadas.
2. Canales confidenciales de denuncia, tanto internos como externos.
3. Designación de personas asesoras o unidades de igualdad.
4. Fases de tramitación: recepción de la denuncia, investigación, medidas cautelares y resolución.
5. Protección de la víctima frente a represalias o difamación.
6. Medidas de reparación y reintegración.

Además, deben incluir acciones formativas, campañas de sensibilización y mecanismos de seguimiento anual.

Anotación

Un protocolo no es eficaz si solo existe en el papel. Su implementación debe medirse a través de indicadores de desempeño, tales como número de denuncias atendidas, tiempos de respuesta y satisfacción de las personas usuarias del sistema.

En la Administración, la prevención del acoso recae principalmente sobre dos estructuras complementarias:

- **Unidades de igualdad.** Son órganos especializados creados en cumplimiento de la Ley Orgánica 3/2007. Su función es promover políticas de igualdad, supervisar protocolos y asesorar en casos de acoso sexual o por razón de sexo.

Fig. 6. Las Unidades de Igualdad actúan como mediadoras, garantizan la confidencialidad y orientan a las víctimas sobre las vías formales e informales de resolución

- **Servicios de Prevención de Riesgos Laborales.** Tienen la misión de identificar y evaluar los **riesgos psicosociales**, proponer medidas preventivas y participar en la investigación de los casos. Su intervención debe coordinarse con las Unidades de Igualdad para evitar duplicidades o vacíos.

Ejemplo

En un hospital público, el Servicio de Prevención detecta a través de encuestas de clima laboral un aumento de conflictos en un área concreta. Se coordina con la Unidad de Igualdad para analizar si hay indicios de acoso y propone una intervención organizativa y formativa.

El sector público se caracteriza por estructuras rígidas y relaciones jerárquicas intensas, donde la promoción y la movilidad dependen de evaluaciones internas, concursos o decisiones discrecionales. Estas circunstancias pueden favorecer comportamientos de abuso de poder y dificultar la denuncia.

Los obstáculos más frecuentes son:

- **Temor a represalias** o a dañar la carrera profesional.
- **Incredulidad institucional**, que lleva a minimizar los hechos.
- **Lentitud procedimental**, que prolonga el sufrimiento de la persona afectada.
- **Cultura del silencio**, basada en la falsa lealtad o en la desconfianza hacia los mecanismos internos.

Por ello, las Administraciones deben fomentar una cultura de tolerancia cero, reforzando la transparencia y asegurando que las denuncias no generen consecuencias negativas para quien las presenta.

Anotación

La víctima de acoso no es responsable del conflicto. En el sector público, el deber de proteger recae en la institución, que debe actuar de oficio cuando existan indicios razonables.

En los casos de acoso, la **mediación** puede ser una herramienta complementaria, aunque nunca sustitutiva de la investigación formal. El proceso debe ser voluntario, confidencial y conducido por personas imparciales, y resulta útil en situaciones de conflicto interpersonal leve o cuando no se ha consolidado un patrón de hostigamiento.

Sin embargo, en los casos graves —especialmente de acoso sexual, discriminación o abuso jerárquico— la mediación no es recomendable, ya que puede generar **revictimización o desequilibrio de poder**. En estos supuestos, debe activarse la vía formal, garantizando la protección inmediata de la persona afectada y la investigación exhaustiva.

La reparación en el contexto público implica restaurar los derechos vulnerados y la integridad emocional de la persona víctima. Esto puede incluir:

- La **readmisión o reubicación** en un entorno seguro.
- La **restitución de funciones o responsabilidades** injustamente retiradas.

- La **asistencia psicológica y jurídica** gratuita.
- La **indemnización por daños morales**.
- La **rehabilitación profesional y reputacional**, especialmente en casos de difamación interna.

Algunas Administraciones han implementado programas de **acompañamiento psicológico prolongado**, reconociendo que las secuelas del acoso pueden mantenerse durante años. Estas medidas se consideran buenas prácticas dentro de la gestión pública moderna.

La erradicación del acoso en las Administraciones requiere algo más que leyes o protocolos: exige una transformación cultural profunda. La función pública debe convertirse en un modelo de convivencia, respeto y diversidad, mostrando que el poder puede ejercerse con empatía, justicia y ética profesional.

Esto implica:

- Fomentar la formación continua en igualdad, liderazgo ético y comunicación respetuosa.
- Evaluar periódicamente el clima organizacional.
- Establecer indicadores de integridad institucional.
- Difundir ejemplos de buenas prácticas y reconocer el comportamiento ejemplar.
- Garantizar la transparencia y rendición de cuentas en los casos gestionados.

Ejemplo

El Instituto Andaluz de la Mujer desarrolló un programa piloto en 2022 para formar a las personas responsables de recursos humanos y mandos intermedios en "liderazgo igualitario". Como resultado, el número de denuncias formales disminuyó y aumentó la detección temprana de conflictos por parte de los equipos directivos.

El acoso en las Administraciones Públicas representa una contradicción esencial con los valores del servicio público: la equidad, la transparencia y la defensa de los derechos humanos.

Su erradicación exige un **enfoque sistémico**, que combine cumplimiento normativo, formación, sensibilización, liderazgo ético y acompañamiento.

Solo mediante una actuación institucional coherente y sostenida puede garantizarse que la Administración sea no solo un espacio de trabajo, sino un modelo ejemplar de convivencia democrática y respeto a la dignidad de todas las personas.

Resumen

El marco legal y normativo constituye la base estructural de toda política de prevención y actuación frente al acoso laboral. La existencia de leyes nacionales e internacionales que reconocen la dignidad, la integridad y la igualdad como derechos fundamentales es lo que permite abordar este fenómeno no solo como una cuestión ética u organizativa, sino como una obligación jurídica ineludible para empresas y Administraciones Públicas.

En el contexto español, las principales normas que sustentan esta protección son la Constitución Española de 1978, el Estatuto de los Trabajadores, la Ley de Prevención de Riesgos Laborales (LPRL), la Ley Orgánica 3/2007 para la igualdad efectiva de mujeres y hombres, y el Código Penal, entre otras. Estas disposiciones definen con claridad los derechos de las personas trabajadoras a un entorno de trabajo seguro, digno y libre de violencia. Asimismo, obligan a las empresas y organismos públicos a prevenir, detectar y sancionar cualquier conducta de hostigamiento, integrando la prevención del acoso dentro de la gestión general de la seguridad y la salud laboral.

Desde una perspectiva internacional, destacan instrumentos como el Convenio 190 de la Organización Internacional del Trabajo (OIT), ratificado por España en 2022, que constituye el primer tratado vinculante que aborda de manera integral la violencia y el acoso en el mundo del trabajo. Junto a este, las Directivas de la Unión Europea sobre igualdad de trato, seguridad y salud en el trabajo, y la Carta Social Europea refuerzan la necesidad de garantizar condiciones laborales justas, seguras y respetuosas. La transposición de estas normas europeas y la adhesión a los convenios internacionales demuestran el compromiso del Estado español con la armonización jurídica y la defensa de los derechos humanos en el ámbito laboral.

El cumplimiento normativo —o *compliance*— se consolida como un instrumento estratégico para asegurar que las organizaciones no solo cumplan la ley, sino que promuevan una cultura corporativa basada en la ética, la igualdad y el respeto. Las empresas están obligadas a evaluar los riesgos psicosociales, implantar protocolos de actuación, ofrecer canales confidenciales de denuncia, garantizar la formación continua y actuar con diligencia debida ante cualquier indicio de acoso. Este cumplimiento no es estático, sino dinámico: requiere seguimiento, revisión periódica y adaptación a los cambios legislativos u organizativos.

El incumplimiento de estas obligaciones puede acarrear responsabilidad administrativa, civil, penal y reputacional para la empresa. De hecho, el Código Penal español prevé la responsabilidad penal de las personas jurídicas por los delitos de acoso sexual o moral si se demuestra la falta de control o prevención interna. Por tanto, disponer de un sistema de cumplimiento eficaz no es solo una garantía ética, sino también una exigencia legal que protege tanto a la organización como a sus integrantes.

En las Administraciones Públicas, el acoso adquiere una dimensión especialmente sensible, ya que la función pública debe ser ejemplo de integridad, equidad y respeto. Normas como el Estatuto Básico del Empleado Público (Real Decreto Legislativo 5/2015) tipifican el acoso como falta muy grave y exigen protocolos de prevención específicos. Asimismo, las Unidades de Igualdad y los Servicios de Prevención de Riesgos Laborales desempeñan un papel esencial en la detección y gestión de los casos, garantizando la coordinación institucional y la confidencialidad del proceso.

El acoso en el ámbito público puede manifestarse de forma vertical (descendente o ascendente), horizontal o incluso institucional, cuando la propia organización tolera o encubre las conductas hostiles. En todos los casos, la Administración tiene el deber jurídico de actuar de oficio, investigar y reparar los daños ocasionados, proporcionando apoyo psicológico, asesoramiento y medidas de reintegración a la persona afectada.

El marco normativo sobre acoso laboral constituye un sistema interconectado de protección, prevención y reparación, en el que convergen los niveles constitucional, legal, europeo e internacional. Su aplicación efectiva depende de la voluntad de las organizaciones de traducir la norma en práctica diaria: promover entornos laborales seguros, establecer canales de confianza, formar al personal y actuar con transparencia y responsabilidad. Solo así puede garantizarse que el trabajo se desarrolle en un clima de respeto, igualdad y dignidad, donde el acoso no tenga cabida bajo ninguna forma ni circunstancia.

Glosario

Acoso institucional

Forma de acoso propia de las organizaciones públicas o grandes entidades en la que la inacción, la tolerancia o la complicidad de la estructura jerárquica permiten que las conductas de hostigamiento persistan o se reproduzcan.

Acoso por razón de sexo

Conducta relacionada con el sexo, orientación o identidad de género de una persona que atenta contra su dignidad y genera un entorno hostil o humillante. Puede implicar trato discriminatorio, comentarios, insinuaciones o exclusiones.

Administraciones Públicas

Conjunto de organismos y entidades que integran el sector público estatal, autonómico y local. Tienen un deber reforzado de ejemplaridad, transparencia y protección de los derechos fundamentales en el entorno laboral.

Carta Social Europea

Tratado del Consejo de Europa que garantiza derechos laborales y sociales básicos, entre ellos la protección de la dignidad, la igualdad y la seguridad en el trabajo.

Código de conducta o código ético

Documento interno que recoge los valores, principios y normas de comportamiento que deben guiar la actuación del personal dentro de una organización, promoviendo el respeto, la igualdad y la integridad.

Código Penal

Conjunto normativo que tipifica como delitos las conductas de acoso sexual (artículo 184) y acoso moral (artículo 173.1), estableciendo penas que pueden incluir prisión, multa o inhabilitación profesional.

Compliance (cumplimiento normativo)

Sistema de gestión que integra políticas, procedimientos y controles internos para garantizar que una organización cumple con la normativa legal y ética vigente, especialmente en materia de igualdad, seguridad y prevención del acoso.

Constitución Española (1978)

Norma suprema del ordenamiento jurídico español que reconoce la dignidad de la persona (artículo 10), el derecho a la integridad física y moral (artículo 15) y el principio de igualdad y no discriminación (artículo 14).

Convenio 190 de la OIT

Tratado internacional adoptado en 2019 por la Organización Internacional del Trabajo, que reconoce el derecho de todas las personas a un mundo del trabajo libre de violencia y acoso. España lo ratificó en 2022, asumiendo la obligación de aplicarlo en su legislación nacional.

Diligencia debida

Obligación de actuar con previsión y responsabilidad en la prevención de riesgos. En materia de acoso, implica anticiparse a los problemas mediante medidas preventivas, formación y supervisión constante.

Directiva 2006/54/CE

Norma de la Unión Europea sobre igualdad de trato entre mujeres y hombres en el empleo, que reconoce el acoso sexual y por razón de sexo como formas de discriminación.

Estatuto Básico del Empleado Público (EBEP)

Norma que regula los derechos y deberes del personal funcionario y laboral de las Administraciones Públicas. Considera el acoso una falta muy grave y exige la existencia de protocolos preventivos.

Estatuto de los Trabajadores

Ley que regula las relaciones laborales en el sector privado. Reconoce el derecho de toda persona trabajadora a la dignidad y a un entorno libre de acoso, y prevé sanciones disciplinarias por conductas ofensivas o humillantes.

Evaluación de riesgos psicosociales

Proceso mediante el cual se identifican, analizan y valoran los factores organizativos o interpersonales que pueden afectar negativamente a la salud mental o emocional de las personas trabajadoras, incluyendo el acoso.

Igualdad de trato y no discriminación

Principio fundamental del ordenamiento jurídico que garantiza que ninguna persona sea tratada de manera desfavorable por razones de sexo, origen, orientación sexual, edad, discapacidad u otras circunstancias personales o sociales.

Ley 31/1995, de Prevención de Riesgos Laborales (LPRL)

Norma que establece las obligaciones de las empresas y Administraciones Públicas para garantizar la seguridad y salud de las personas en el trabajo, incluyendo los riesgos psicosociales asociados al acoso.

Ley 4/2023, de igualdad LGTBI

Norma que garantiza la igualdad real de las personas LGTBI y prohíbe el acoso por motivos de orientación sexual, identidad o expresión de género, tanto en el sector público como en el privado.

Ley de Infracciones y Sanciones en el Orden Social (LISOS)

Regula las sanciones aplicables a las empresas que incumplen las obligaciones de prevención de riesgos laborales o no protegen adecuadamente frente al acoso.

Ley Orgánica 3/2007, para la igualdad efectiva de mujeres y hombres

Ley que introduce medidas de prevención y sanción del acoso sexual y por razón de sexo, y obliga a las empresas con más de 50 personas trabajadoras a elaborar planes de igualdad.

Mediación laboral

Procedimiento voluntario y confidencial de resolución de conflictos en el ámbito laboral. Puede utilizarse en casos leves o incipientes de acoso, siempre que exista equilibrio entre las partes y voluntad de diálogo.

Plan de igualdad

Conjunto ordenado de medidas destinadas a garantizar la igualdad de trato y de oportunidades entre mujeres y hombres en la empresa, y a eliminar la discriminación por razón de sexo. Incluye la prevención del acoso sexual y por razón de sexo.

Prevención

Conjunto de acciones orientadas a evitar la aparición de riesgos laborales. En el caso del acoso, implica la formación del personal, la detección temprana de conflictos y la creación de entornos de respeto.

Protocolo de actuación frente al acoso

Procedimiento interno que regula la forma en que una organización previene, detecta y responde ante situaciones de acoso laboral, sexual o por razón de sexo. Debe garantizar confidencialidad, imparcialidad y protección de las personas afectadas.

Riesgo psicosocial

Cualquier condición del entorno laboral que puede afectar a la salud mental o emocional de una persona, incluyendo el acoso, el estrés o el desequilibrio entre las exigencias laborales y los recursos disponibles.

Unidad de Igualdad

Órgano especializado en las Administraciones Públicas encargado de promover la igualdad, asesorar en materia de acoso y supervisar la aplicación de los protocolos de actuación.

Violencia y acoso en el trabajo

Concepto reconocido por la OIT que engloba todas las conductas inaceptables, ya sean únicas o repetidas, que puedan causar daño físico, psicológico, sexual o económico a una persona en el contexto laboral.

Ejercicios de autoevaluación

1. **¿Qué artículo de la Constitución Española reconoce el derecho a la integridad física y moral?**

   a. Artículo 10.
   b. Artículo 15.
   c. Artículo 35.
   d. Artículo 40.

2. **¿Qué tipo de riesgo considera la Ley de Prevención de Riesgos Laborales al acoso psicológico?**

   a. Riesgo químico.
   b. Riesgo físico.
   c. Riesgo psicosocial.
   d. Riesgo biológico.

3. **¿Qué ley establece medidas para garantizar la igualdad efectiva de mujeres y hombres en España?**

   a. Ley 31/1995.
   b. Ley Orgánica 3/2007.
   c. Real Decreto Legislativo 5/2015.
   d. Ley 4/2023.

4. **Según el Código Penal, ¿en qué artículo se tipifica el acoso sexual como delito?**

   a. Artículo 181.
   b. Artículo 172.
   c. Artículo 184.
   d. Artículo 198.

5. ¿Cuál de las siguientes directivas europeas aborda la igualdad de trato entre mujeres y hombres en el empleo?

a. Directiva 2000/78/CE.

b. Directiva 2006/54/CE.

c. Directiva 89/391/CEE.

d. Directiva 2008/104/CE.

6. ¿Qué norma internacional se considera el primer tratado vinculante sobre violencia y acoso en el trabajo?

a. Convenio 87 de la OIT.

b. Convenio 111 de la OIT.

c. Convenio 190 de la OIT.

d. Carta Social Europea.

7. ¿Qué principio exige a las empresas actuar de manera proactiva frente al acoso, sin esperar a que se produzca el daño?

a. Principio de igualdad de oportunidades.

b. Principio de proporcionalidad.

c. Principio de diligencia debida.

d. Principio de subsidiariedad.

8. ¿Qué tipo de responsabilidad puede tener una empresa si no previene el acoso laboral?

a. Únicamente ética.

b. Administrativa, civil y penal.

c. Exclusivamente disciplinaria.

d. Solo patrimonial.

9. **¿Qué documento interno suele recoger los valores éticos y de convivencia en una organización?**

   a. Plan de igualdad.

   b. Reglamento interno de trabajo.

   c. Código ético o de conducta.

   d. Manual de acogida.

10. **En el marco del *compliance*, ¿qué norma internacional establece un modelo de sistema de gestión de cumplimiento?**

   a. ISO 9001:2015.

   b. ISO 45001:2018.

   c. ISO 37301:2021.

   d. ISO 14001:2015.

U. A. 2. Marco legal normativo

U. A. 3. Prevención del acoso en el ámbito laboral. políticas y compromisos empresariales

Introducción

La prevención del acoso en el ámbito laboral constituye una de las responsabilidades esenciales de las organizaciones modernas, no solo por imperativo legal, sino como parte de su compromiso ético y social. En este sentido, las empresas están llamadas a crear entornos laborales seguros, inclusivos y respetuosos, donde la dignidad y la igualdad de todas las personas sean valores inquebrantables.

El acoso laboral, en cualquiera de sus formas —psicológico, sexual o por razón de sexo—, vulnera derechos fundamentales como la integridad moral, la salud y la igualdad de oportunidades. Por ello, la prevención no debe entenderse únicamente como una reacción ante los casos detectados, sino como una estrategia proactiva que identifique riesgos, promueva la sensibilización y establezca mecanismos eficaces de detección y actuación.

La aplicación de políticas internas adecuadas, la formación del personal y la existencia de protocolos de actuación claros permiten consolidar una cultura organizacional preventiva, en la que tanto directivos como trabajadores comprendan la gravedad del acoso y actúen de manera coherente ante cualquier indicio del mismo. En este marco, el compromiso empresarial se convierte en un pilar básico: la dirección debe liderar la prevención desde la transparencia, la comunicación interna y la tolerancia cero hacia cualquier forma de violencia o discriminación.

En esta unidad se abordará, por tanto, cómo las empresas pueden analizar sus necesidades, diseñar políticas preventivas, establecer niveles de protección y formalizar compromisos institucionales frente al acoso, garantizando el cumplimiento normativo y la mejora continua de las condiciones laborales.

Objetivos

- Identificar las necesidades y factores de riesgo que hacen necesaria la implantación de medidas preventivas frente al acoso en la empresa.
- Diseñar políticas internas orientadas a la detección, eliminación y prevención del acoso laboral, sexual o por razón de sexo.
- Reconocer los diferentes niveles de protección que deben establecerse dentro de la organización para garantizar la seguridad y el bienestar de los trabajadores.
- Comprender la importancia del compromiso empresarial en la adopción de protocolos y planes de actuación efectivos.
- Promover una cultura preventiva que fomente la igualdad, el respeto mutuo y la resolución pacífica de conflictos en el entorno laboral.

1. Análisis y detección de necesidades de actuación ante el acoso en la empresa

Toda estrategia de **prevención del acoso laboral** debe iniciarse con un proceso de análisis y diagnóstico que permita conocer la realidad interna de la organización. Antes de diseñar políticas o protocolos, resulta indispensable identificar los factores de riesgo presentes, las posibles carencias estructurales y las percepciones del personal sobre el clima laboral.

El **análisis organizacional** es, por tanto, el punto de partida para cualquier intervención efectiva. Su objetivo no es únicamente detectar casos existentes, sino **anticipar** posibles situaciones de conflicto o desequilibrio relacional que puedan derivar en comportamientos de acoso o violencia psicológica.

Fig. 1. El diagnóstico debe ser un proceso participativo e inclusivo, que incorpore la voz de todas las personas trabajadoras, sin distinción de categoría profesional, edad, sexo o antigüedad; escuchar es, en este sentido, la primera herramienta preventiva

El análisis no se limita a la recopilación de datos cuantitativos (número de incidencias, rotación de personal, absentismo), sino que debe integrar también indicadores cualitativos relacionados con la cultura organizacional, la comunicación interna, la igualdad efectiva y la gestión emocional de los equipos.

El acoso laboral no surge de manera espontánea; suele estar vinculado a determinados **factores estructurales, organizativos o relacionales**. Comprenderlos permite anticipar y neutralizar los posibles escenarios de riesgo. Sus características son las que siguen:

Tipo de factor	Descripción	Ejemplo de manifestación
Estructurales	Se relacionan con la organización del trabajo, la jerarquía o la distribución de poder.	Excesiva concentración de autoridad en una sola persona, falta de transparencia en las decisiones.
Relacionales	Afectan a la comunicación y convivencia entre las personas trabajadoras.	Clima hostil, rumores, aislamiento de ciertos perfiles, burlas o lenguaje sexista.
Culturales	Tienen que ver con los valores y normas informales que rigen el comportamiento colectivo.	Tolerancia a los comentarios humillantes o "bromas" ofensivas como parte del ambiente laboral.
De género	Asociados a la desigualdad, los estereotipos o la discriminación sexual.	Falta de mujeres en puestos de decisión, invisibilización o minusvaloración de su trabajo.
Psicosociales	Derivados de la carga mental o emocional del empleo.	Estrés continuado, objetivos inalcanzables, ambigüedad de rol o competitividad excesiva.

 Ejemplo

Una empresa con gran presión por resultados y una comunicación jerárquica vertical puede generar un entorno donde el personal directivo utilice el miedo o la humillación como herramienta de control. Aunque no se produzca una denuncia formal, ese ambiente ya constituye un riesgo psicosocial que requiere intervención.

El diagnóstico efectivo debe combinar diferentes **instrumentos de análisis**, de modo que se obtenga una visión completa de la situación. Estos métodos pueden agruparse en tres niveles complementarios:

- **Revisión documental y normativa:** consiste en analizar políticas internas, códigos éticos, convenios colectivos o planes de igualdad existentes. Permite conocer si la organización ya cuenta con mecanismos preventivos y si estos son suficientes.

- **Métodos cuantitativos:** incluyen encuestas de clima laboral, cuestionarios de evaluación psicosocial y análisis de datos internos (absentismo, rotación, sanciones, etc.).

- **Métodos cualitativos:** comprenden entrevistas, grupos focales y buzones de comunicación confidencial, que ayudan a identificar percepciones y experiencias personales.

La detección de necesidades debe realizarse de forma **periódica**, no solo ante la aparición de conflictos. Las revisiones anuales o bienales facilitan la adaptación continua de las medidas preventivas, incorporando los cambios organizativos o sociales que se produzcan.

La prevención del acoso no puede delegarse únicamente en el departamento de recursos humanos o en la dirección. Implica un compromiso transversal que abarca a todos los niveles jerárquicos. Cada persona, desde su puesto, contribuye a construir un ambiente de respeto.

La **alta dirección** debe liderar el proceso, dotando de recursos, visibilidad y legitimidad a las acciones preventivas. Los mandos intermedios tienen un papel clave en la detección temprana, ya que suelen ser quienes mantienen el contacto directo con los equipos. Por su parte, el personal trabajador debe sentirse partícipe del proceso, comprendiendo que la prevención no es vigilancia, sino protección colectiva.

Ejemplo

En una empresa del sector servicios, el equipo de supervisión detectó un aumento de bajas médicas por ansiedad en un departamento concreto. Tras entrevistas confidenciales, se identificó que el problema se debía a un estilo de liderazgo autoritario. La intervención se centró en formación en liderazgo ético y comunicación no violenta, lo que redujo las incidencias en un 70 % en seis meses.

Una parte esencial del análisis consiste en medir el **clima organizacional** y la **cultura preventiva**. Estos conceptos, aunque complementarios, hacen referencia a aspectos distintos:

- El **clima laboral** refleja la percepción inmediata de las personas sobre el ambiente de trabajo, la comunicación o la equidad.

- La **cultura preventiva**, en cambio, implica valores más profundos: el compromiso con la seguridad, la justicia organizacional y la dignidad de las personas.

Sus principales dimensiones son las que siguen:

Dimensión evaluada	Aspectos clave a valorar	Indicadores posibles
Confianza institucional	Grado de credibilidad de la dirección y de los protocolos existentes.	Conocimiento del personal sobre los canales de denuncia, percepción de imparcialidad.
Participación y comunicación	Espacios reales de diálogo y escucha activa.	Frecuencia de reuniones, accesibilidad a superiores, uso de lenguaje inclusivo.
Equidad e inclusión	Percepción de trato igualitario y oportunidades justas.	Representación de grupos diversos, promoción interna sin sesgos.
Gestión emocional y bienestar	Capacidad de la organización para atender la salud psicosocial.	Disponibilidad de servicios de apoyo psicológico o mediación.

Anotación

Evaluar la cultura preventiva implica también observar los símbolos y rituales cotidianos: cómo se gestionan los errores, cómo se celebra el éxito o si el humor es respetuoso. Estos detalles revelan con frecuencia más que los informes formales.

Una detección eficaz de necesidades depende en gran medida de la **comunicación interna**. Si las personas empleadas no confían en los canales de comunicación o temen represalias, los casos de acoso o riesgo permanecerán ocultos.

Fig. 2. Las empresas deben garantizar vías seguras, confidenciales y accesibles para expresar preocupaciones o incidentes

Entre los sistemas más habituales se encuentran:

- **Buzones confidenciales**, físicos o digitales, gestionados por personal independiente.
- **Personas de confianza o figuras de referencia** (por ejemplo, "personas mediadoras" formadas en igualdad y prevención del acoso).
- **Líneas éticas o de integridad**, disponibles de manera anónima y externa a la organización.

Una empresa tecnológica implementó un canal digital de denuncias anónimo, que permitió detectar comentarios sexistas en un grupo interno de mensajería. Gracias a ello, se revisaron las normas de comunicación interna y se impartió formación en lenguaje inclusivo y convivencia digital.

El reto consiste en **construir confianza**: que las personas sepan que comunicar una situación problemática no implicará consecuencias negativas, sino una oportunidad de mejora.

La detección precoz es esencial para evitar que un conflicto cotidiano evolucione en un caso de acoso. Algunas señales de alerta pueden pasar desapercibidas si no se presta atención.

Entre ellas destacan:

- **Cambios en el comportamiento**: aislamiento repentino, pérdida de motivación o silencio prolongado en reuniones.
- **Indicadores de salud**: incremento de bajas por estrés o ansiedad.
- **Fluctuaciones en la productividad**: descensos notables sin causa aparente.
- **Rumores o comentarios reiterados** sobre el trato de una persona o grupo.
- **Evitar determinados espacios o personas** dentro del lugar de trabajo.

Diversos estudios en psicología laboral indican que, en promedio, un caso de acoso tarda **más de un año** en hacerse visible desde los primeros indicios. La sensibilización de los equipos permite acortar ese tiempo y reducir el daño.

Una vez recopilada toda la información, la organización debe elaborar un **informe de diagnóstico** que sirva de base para las políticas y protocolos de prevención. Este documento debe incluir:

- Un resumen de los métodos utilizados y la participación del personal.
- Un análisis de los factores de riesgo detectados y su priorización.
- Una evaluación del clima laboral y de la cultura preventiva.
- Recomendaciones y propuestas de mejora, clasificadas por nivel de urgencia.

Este informe debe ser compartido con la dirección y con la representación de las personas trabajadoras, garantizando la **transparencia y la confidencialidad** de los datos personales. Solo de este modo podrá convertirse en una herramienta útil para la toma de decisiones.

Anotación

No basta con identificar problemas; el verdadero valor del diagnóstico radica en convertir los hallazgos en acción preventiva, evitando la repetición de patrones o la cronificación del malestar.

El análisis y detección de necesidades de actuación frente al acoso no es un trámite administrativo, sino un **proceso vivo de observación, diálogo y mejora continua**. Representa el primer paso hacia una organización más justa, saludable y humana, donde la prevención no se limite a cumplir con la ley, sino que se asuma como una expresión de respeto y cuidado colectivo.

Fig. 3. El diagnóstico preventivo permite mirar hacia dentro con honestidad, reconocer los propios desafíos y fortalecer la confianza de las personas en la empresa

2. Desarrollo de políticas internas para la detección, eliminación y prevención del acoso laboral

Una vez realizado el diagnóstico de la situación interna, el siguiente paso es **diseñar y consolidar políticas internas** que sirvan como marco de actuación para prevenir el acoso en todas sus manifestaciones. Estas políticas deben traducir en acciones concretas los valores de igualdad, respeto, diversidad y justicia organizacional, garantizando un entorno laboral libre de violencia, discriminación o intimidación.

La política interna contra el acoso no es un documento simbólico, sino una herramienta normativa y operativa. Define las responsabilidades, procedimientos, sanciones y canales de comunicación que rigen la convivencia en la empresa. Además, refleja el compromiso de la dirección con la protección de los derechos fundamentales de todo el personal, independientemente de su sexo, edad, orientación sexual, identidad de género, origen étnico, condición física o mental, religión o cualquier otra característica personal.

Anotación

La política interna debe alinearse con los principios de la Ley Orgánica 3/2007 para la igualdad efectiva de mujeres y hombres y con la Ley 31/1995 de Prevención de Riesgos Laborales, que exige integrar la prevención del acoso dentro de la gestión global de la seguridad y la salud en el trabajo.

Toda política preventiva sólida debe sustentarse en un conjunto de **principios rectores** que orienten su redacción, aplicación y evaluación. Sus principales fundamentos son los que siguen:

1. **Tolerancia cero** frente al acoso o cualquier forma de violencia o discriminación.
2. **Respeto a la dignidad de las personas,** como eje central de la convivencia.
3. **Confidencialidad** en todas las fases del proceso de denuncia e investigación.
4. **Garantía de no represalia** para quien comunique de buena fe una situación de acoso.
5. **Participación activa** de toda la plantilla en la construcción de un entorno saludable.
6. **Imparcialidad y transparencia** en la gestión de los conflictos.
7. **Enfoque preventivo y educativo**, priorizando la sensibilización y la formación continua.
8. **Inclusión y perspectiva de género**, asegurando la igualdad de trato y oportunidades.

Ejemplo

Una empresa del sector tecnológico incluyó en su política interna un compromiso explícito de no contratar ni colaborar con proveedores que toleren conductas discriminatorias. Este principio de coherencia ética fortaleció la credibilidad del documento y su impacto social.

El contenido de una política interna de prevención del acoso debe adaptarse a la realidad y tamaño de la empresa, pero, en términos generales, debería incluir los siguientes apartados fundamentales:

Sección	Contenido esencial
Preámbulo o declaración institucional	Manifiesta el compromiso de la dirección y los valores de respeto, equidad y diversidad.
Ámbito de aplicación	Especifica a quiénes se aplica: personal laboral, directivo, de prácticas, proveedores o personas colaboradoras.
Definiciones y tipología del acoso	Describe claramente qué se considera acoso laboral, sexual o por razón de sexo, evitando ambigüedades.
Derechos y deberes	Determina las responsabilidades de la empresa, las personas trabajadoras y sus representantes.
Medidas preventivas y de sensibilización	Establece acciones de formación, comunicación y cultura preventiva.
Procedimiento de denuncia y actuación	Explica los canales, plazos y garantías del proceso.
Régimen disciplinario	Define las consecuencias de las conductas probadas de acoso, según la normativa vigente.
Seguimiento y revisión	Fija mecanismos de evaluación periódica de la eficacia de la política.

Anotación

Un error frecuente en las organizaciones es aprobar políticas "formales" que luego no se comunican ni aplican. La prevención exige coherencia: las políticas deben vivirse, no archivarse.

Para que la política sea efectiva, su **diseño debe ser participativo**. Incluir a las personas trabajadoras y a sus representantes en la elaboración garantiza mayor legitimidad, identificación y compromiso colectivo.

Las fases recomendadas para su diseño participativo son las siguientes:

1. **Constitución de un grupo de trabajo** formado por representantes de la empresa, personal técnico de prevención, comité de igualdad, recursos humanos y delegados o delegadas sindicales.
2. **Recopilación de información** procedente del diagnóstico previo y de las buenas prácticas existentes.

3. **Elaboración del borrador** de la política, integrando las aportaciones de todos los sectores.
4. **Validación y aprobación formal** por la dirección.
5. **Difusión y comunicación interna**, asegurando que todo el personal conozca su contenido.

 **Saber más**

Diversas guías del Instituto de la Mujer y para la Igualdad de Oportunidades (IMIO) recomiendan utilizar lenguaje inclusivo en la redacción de las políticas, evitando expresiones genéricas masculinas y garantizando la representación de todas las identidades.

La prevención del acoso debe formar parte de la **gestión estratégica de la empresa**. No se trata de un documento aislado, sino de una política transversal que incide en áreas como los recursos humanos, la salud laboral, la comunicación, la formación o la responsabilidad social corporativa (RSC).

Su integración puede lograrse mediante acciones como:

- Incluir la política dentro del **Plan de Igualdad** o del **Sistema de Gestión de la Prevención de Riesgos Laborales**.
- Incorporar indicadores específicos sobre convivencia y respeto en las **evaluaciones de desempeño**.
- Establecer objetivos preventivos dentro de la **planificación estratégica anual**.
- Alinear la política con los **Objetivos de Desarrollo Sostenible (ODS)**, especialmente el ODS 5 (igualdad de género) y el ODS 8 (trabajo decente y crecimiento económico).

 **Ejemplo**

Una cadena hotelera integró su política contra el acoso en su sistema de calidad ISO 9001 y en su plan de igualdad. Esto le permitió auditar anualmente el cumplimiento de los compromisos y detectar posibles desviaciones.

El desarrollo de políticas internas carece de sentido si no se acompaña de una **formación sistemática** dirigida a todas las personas que integran la organización. La sensibilización es el pilar más fuerte de la prevención: genera conocimiento, empatía y responsabilidad compartida.

La formación debe abordar contenidos como:

- Concepto, tipos y manifestaciones del acoso laboral, sexual o por razón de sexo.
- Consecuencias psicosociales del acoso.
- Procedimientos de comunicación, denuncia y actuación.
- Herramientas de comunicación asertiva y gestión emocional.
- Perspectiva de género y diversidad.
- Cultura de respeto y lenguaje inclusivo.

Sus características principales son las que siguen:

Tipo de formación	Público objetivo	Enfoque metodológico
Formación inicial	Personal de nueva incorporación	Integrar la política de prevención en la inducción laboral.
Formación continua	Toda la plantilla	Talleres presenciales o virtuales con dinámicas participativas.
Formación específica	Mandos intermedios, responsables de recursos humanos o personas mediadoras	Profundización en detección temprana, liderazgo ético y gestión de conflictos.

Anotación

La formación debe ser evaluada en términos de impacto: no basta con medir asistencia, sino comprobar cambios de comportamiento y mejora del clima organizacional.

Una política eficaz es aquella que **toda la plantilla conoce y comprende**. Por ello, la comunicación interna es un elemento esencial.

Fig. 4. La comunicación debe garantizar que la información esté disponible, accesible y adaptada a diferentes soportes y perfiles de personas

Algunas estrategias de comunicación son:

- Publicación visible de la política en espacios comunes y en la intranet corporativa.
- Envío de boletines electrónicos con recordatorios de los canales de denuncia y medidas de apoyo.
- Inclusión de mensajes clave en campañas de comunicación interna o en eventos corporativos.
- Difusión mediante cartelería inclusiva y mensajes visuales que refuercen los valores de respeto.
-

Ejemplo

En una cooperativa agroalimentaria, se colocaron infografías en las zonas de descanso con mensajes como "Aquí nos tratamos con respeto" o "El acoso no tiene cabida". Esta acción simple fortaleció el sentido de pertenencia y la vigilancia colectiva frente a conductas inapropiadas.

Las políticas internas no son documentos estáticos; deben ser revisadas periódicamente para evaluar su **eficacia real** y adaptarse a los cambios normativos u organizacionales.

La revisión debe incluir indicadores cualitativos y cuantitativos, tales como:

1. Número de denuncias o consultas registradas.

2. Tiempo medio de resolución de los casos.
3. Nivel de satisfacción de las personas implicadas.
4. Resultados de encuestas de clima laboral.
5. Participación en actividades de sensibilización.

El seguimiento puede realizarlo un **comité mixto de igualdad y prevención**, encargado de elaborar informes anuales con propuestas de mejora. Este mecanismo asegura la transparencia y refuerza la credibilidad de la política frente al conjunto de la plantilla.

En el ámbito europeo, muchas organizaciones utilizan la metodología **PDCA (Plan, Do, Check, Act)**, propia de los sistemas de calidad, para estructurar la mejora continua en las políticas de prevención del acoso. Este enfoque permite planificar, ejecutar, evaluar y reajustar las acciones de forma cíclica.

A pesar de la buena voluntad institucional, existen **barreras frecuentes** que dificultan la puesta en práctica efectiva de las políticas preventivas. Entre ellas:

- Falta de implicación directiva o liderazgo incoherente.
- Escasa comunicación interna o desconocimiento de los procedimientos.
- Desconfianza del personal hacia los canales de denuncia.
- Enfoque meramente formal centrado en el cumplimiento normativo sin acompañamiento real.
- Resistencia cultural al cambio o normalización de conductas inapropiadas.

Ejemplo

En una empresa industrial, la política interna fue aprobada sin acompañarla de sesiones informativas. Al cabo de un año, la mayoría del personal desconocía su existencia. La solución fue crear un plan de comunicación y nombrar "personas embajadoras de respeto" en cada área de trabajo.

El desarrollo de políticas internas para la prevención del acoso constituye un **proceso estructural de transformación organizacional**. No se trata únicamente de cumplir una obligación legal, sino de construir un entorno laboral basado en la ética, la corresponsabilidad y la empatía.

Cuando las políticas son participativas, visibles y sostenidas por la formación continua, se convierten en una **garantía de bienestar y justicia interna**. La empresa deja de ser un espacio potencial de conflicto para convertirse en una comunidad donde las diferencias se respetan y la dignidad se protege.

En definitiva, prevenir el acoso desde las políticas internas es sembrar confianza: confianza en la palabra, en los procedimientos y en la convicción de que ninguna forma de violencia es tolerable.

3. Niveles de protección frente al acoso en el ámbito empresarial

La **protección frente al acoso** no puede concebirse como un acto aislado, sino como una estructura compleja e interrelacionada que atraviesa toda la vida organizacional. Las empresas tienen la responsabilidad de garantizar un entorno libre de cualquier forma de violencia, hostigamiento o trato degradante, implementando medidas que actúen en distintos niveles de prevención y protección.

Estos niveles conforman un sistema integral que abarca desde la **prevención primaria** (evitar la aparición del acoso) hasta la intervención y reparación de los casos confirmados. En este sentido, la protección no solo tiene un carácter reactivo, sino también proactivo, orientado a eliminar los factores que propician conductas hostiles o discriminatorias.

Anotación

En el contexto de la prevención del acoso, el término "protección" debe entenderse en sentido amplio: proteger significa cuidar la dignidad, la salud mental, la integridad emocional y la igualdad de oportunidades de todas las personas que forman parte de la organización.

El modelo más utilizado en el ámbito laboral europeo y español se inspira en la estructura de los **niveles de intervención preventiva** de la salud laboral. Aplicado al acoso, este enfoque permite ordenar las medidas según su momento de aplicación y su alcance.

Sus niveles se pueden clasificar de la siguiente manera:

Nivel de protección	Objetivo principal	Alcance temporal	Ejemplo de acciones
Prevención primaria	Evitar que se produzcan conductas de acoso mediante una cultura de respeto.	Antes de la aparición de conflictos.	Formación en igualdad y comunicación, liderazgo ético, promoción del bienestar psicosocial.
Prevención secundaria	Detectar precozmente las situaciones de riesgo y actuar antes de que se agraven.	Durante las primeras señales de conflicto.	Canales confidenciales, mediación temprana, entrevistas individuales.
Prevención terciaria	Atender, investigar y reparar los daños ocasionados por un caso de acoso confirmado.	Después del suceso.	Procedimiento de investigación, apoyo psicológico, medidas disciplinarias o reubicación.

Este esquema refleja la necesidad de actuar **de forma continua** y coordinada. Cada nivel no sustituye al anterior, sino que lo complementa, formando un sistema de protección integral.

A. Prevención primaria: crear entornos laborales seguros y saludables

La **prevención primaria** constituye el nivel más estratégico y transformador. Su propósito es eliminar las causas estructurales que favorecen la aparición del acoso y consolidar una cultura de respeto, equidad y colaboración.

Entre las acciones más relevantes se encuentran:

- **Diseño de estructuras organizativas justas**, evitando la concentración excesiva de poder y fomentando la corresponsabilidad.
- **Promoción de la igualdad efectiva** mediante planes específicos que garanticen la participación y visibilidad de todas las personas.

- **Formación continua** sobre comunicación inclusiva, gestión emocional y liderazgo no violento.
- **Evaluación psicosocial periódica** para detectar factores de riesgo antes de que se materialicen.
- **Códigos éticos y de conducta**, que reflejen los valores de la empresa y orienten el comportamiento diario.

Ejemplo

Una empresa de ingeniería implementó un programa llamado "Espacios de Respeto", donde cada trimestre se realizan talleres de convivencia y resolución de conflictos. Esta medida, de carácter preventivo primario, redujo notablemente las incidencias de comunicación hostil y mejoró la satisfacción laboral.

La prevención primaria requiere tiempo y constancia. Su éxito depende de la implicación de la alta dirección y del reconocimiento del respeto como un valor estratégico, no meramente ético.

B. Prevención secundaria: detección temprana e intervención inicial

Cuando aparecen señales de tensión o comportamientos inapropiados, es fundamental aplicar medidas de **prevención secundaria**. Este nivel busca detectar los indicios de acoso en sus fases iniciales y actuar antes de que el daño se consolide.

Sus principales mecanismos son los que siguen:

- **Sistemas confidenciales de comunicación o denuncia**, accesibles y seguros.
- **Personas de confianza o mediadoras internas**, capacitadas para escuchar y canalizar los conflictos.
- **Entrevistas individuales** de seguimiento, especialmente en equipos donde se haya detectado malestar.
- **Intervenciones de mediación o conciliación**, siempre que la situación no implique riesgo grave o vulneración de derechos.

- **Formación específica en detección temprana** dirigida a mandos intermedios y responsables de área.

En una empresa logística, una supervisora observó que una trabajadora recibía comentarios despectivos reiterados. Sin existir denuncia formal, se aplicó un procedimiento interno de mediación con presencia del responsable de igualdad. El conflicto se resolvió antes de derivar en un caso de acoso, evitando daños mayores.

La prevención secundaria se asocia con el concepto de alerta ética, entendido como la capacidad institucional para reaccionar ante los primeros indicios de vulneración sin necesidad de una denuncia formal. En España, esta idea se vincula a los canales de información interna regulados por la Ley 2/2023, de protección de las personas que informen sobre infracciones normativas y de lucha contra la corrupción.

C. Prevención terciaria: atención, reparación y seguimiento

El tercer nivel corresponde a la **prevención terciaria**, centrada en la actuación directa ante un caso de acoso confirmado. Su objetivo es doble: proteger a la persona afectada y garantizar que la organización responda con diligencia, justicia y respeto.

Las medidas principales son:

1. **Activación del protocolo de actuación** y apertura de la investigación interna.
2. **Garantía de confidencialidad y de no represalia** para la persona denunciante.
3. **Evaluación del impacto psicológico** y derivación a servicios de apoyo profesional si es necesario.
4. **Medidas cautelares** (cambio de puesto, teletrabajo temporal, modificación de turnos) mientras se resuelve el caso.

5. **Sanciones proporcionales** al grado de responsabilidad y a la gravedad de los hechos, según el régimen disciplinario interno.
6. **Seguimiento posterior** para asegurar que la situación no se repita y que la persona afectada se reintegre en condiciones de seguridad y bienestar.

La reparación no se limita a sancionar a la persona agresora. Implica también restaurar la confianza colectiva, reconocer el daño y comunicar las medidas adoptadas de forma transparente, protegiendo siempre la identidad de las partes.

Ejemplo

En una empresa de servicios administrativos, tras confirmarse un caso de acoso verbal continuado, la organización no solo sancionó a la persona responsable, sino que promovió sesiones colectivas sobre convivencia y respeto. Este enfoque restaurativo permitió recomponer el clima laboral sin estigmatizar a nadie.

D. Coordinación entre los niveles de protección

Los tres niveles —primario, secundario y terciario— deben funcionar de manera **interdependiente y articulada**, bajo una misma estructura de gestión. La falta de conexión entre ellos genera vacíos de protección y disminuye la eficacia global.

Por tanto, es recomendable que la empresa establezca una unidad coordinadora o comité de prevención del acoso, con funciones tales como:

- Asegurar la coherencia entre las políticas, protocolos y acciones formativas.
- Revisar periódicamente los indicadores de prevención.
- Coordinar la atención a las personas afectadas.
- Promover la comunicación y la mejora continua.

Saber más

La Organización Internacional del Trabajo (OIT) recomienda, en su Convenio 190, que las medidas de prevención del acoso y la violencia en el trabajo sean parte de un sistema de gestión integrado en la salud y seguridad laboral, con responsabilidad compartida entre dirección y personal trabajador.

E. Mecanismos de apoyo y protección integral

Además de las acciones directas, los niveles de protección se refuerzan con mecanismos transversales que aseguran un abordaje integral.

Entre los más relevantes destacan:

1. **Apoyo psicológico y asesoramiento jurídico gratuito** para personas afectadas.
2. **Atención médica o social**, cuando el acoso haya tenido consecuencias en la salud.
3. **Orientación laboral o acompañamiento profesional**, si la persona decide cambiar de área o centro.
4. **Redes de apoyo interno**, formadas por personas referentes de igualdad o bienestar.
5. **Colaboración con organismos externos especializados**, como el Instituto de la Mujer, el INSST o asociaciones de mediación.

Ejemplo

Una empresa multinacional con sede en España suscribió un convenio con un gabinete psicológico externo. Gracias a este servicio, las personas afectadas pueden recibir atención inmediata sin necesidad de autorización interna, fortaleciendo la confianza en el sistema de protección.

Estos mecanismos deben contemplar la diversidad del personal, asegurando su accesibilidad para personas con discapacidad, diversidad lingüística o condiciones socioeconómicas específicas.

E. Evaluación y control de la eficacia de las medidas de protección

Toda medida de protección debe someterse a una **evaluación continua**, orientada a verificar su impacto real sobre el bienestar de las personas y la prevención del acoso.

Esta evaluación puede incluir indicadores como:

Indicador	Descripción	Fuente de información
Índice de satisfacción del personal	Grado de percepción de seguridad y confianza en los procedimientos.	Encuestas internas anuales.
Tasa de resolución efectiva de casos	Proporción de denuncias gestionadas de forma satisfactoria.	Informes del comité de prevención.
Tiempo medio de respuesta	Días transcurridos entre la denuncia y la primera intervención.	Registro interno.
Reincidencia de conductas hostiles	Casos repetidos en una misma área o equipo.	Auditorías internas.
Participación en formación preventiva	Porcentaje del personal que ha completado programas formativos.	Departamento de RR. HH.

Los resultados de la evaluación deben comunicarse de manera agregada, protegiendo la confidencialidad de las personas implicadas, pero mostrando a toda la plantilla que el sistema de protección es real, se aplica y se revisa.

F. Cultura del cuidado y corresponsabilidad colectiva

El último nivel de protección no se encuentra en los protocolos ni en los comités, sino en la **conciencia colectiva**. La cultura del cuidado implica que cada persona, desde su rol, asuma la responsabilidad de contribuir a un entorno respetuoso.

Promover la corresponsabilidad significa:

- Rechazar activamente las conductas de acoso o humillación.
- Intervenir o comunicar de forma segura cuando se observe una situación injusta.
- Fomentar el diálogo, la empatía y la solidaridad entre compañeras y compañeros.
- Reconocer públicamente los comportamientos positivos y cooperativos.

En una empresa del sector educativo, se implantó la figura de "personas aliadas del respeto", elegidas por votación entre el personal. Su misión es promover valores de convivencia y servir de enlace entre la plantilla y el comité de prevención.

La **cultura del cuidado** ha sido reconocida por la Agencia Europea para la Seguridad y la Salud en el Trabajo (EU-OSHA) como un factor decisivo para reducir las conductas de acoso y violencia en el trabajo.

Fig. 5. Las organizaciones con un alto nivel de implicación colectiva presentan menos conflictos y mayores índices de bienestar

Los **niveles de protección frente al acoso** representan una arquitectura de seguridad humana dentro de la empresa. Cada nivel cumple una función distinta, pero todos comparten un mismo propósito: proteger la dignidad y la salud de las personas.

Cuando las medidas preventivas, de detección y de reparación se coordinan bajo una visión integral, la organización alcanza un grado superior de madurez ética. No basta con reaccionar ante el acoso; es necesario anticiparse, acompañar y transformar las relaciones laborales.

En este sentido, una empresa que protege es una empresa que cuida, escucha y aprende. La prevención del acoso no solo garantiza el cumplimiento de la ley, sino que constituye una expresión concreta de respeto a la condición humana en el trabajo.

4. Compromiso de la empresa frente a la adopción de protocolos de prevención del acoso

El **compromiso de la empresa** constituye la piedra angular sobre la que se edifica toda estrategia de prevención del acoso. Sin una implicación real y sostenida por parte de la dirección, los protocolos y políticas se convierten en simples documentos formales carentes de impacto. Comprometerse significa asumir una responsabilidad ética, legal y social, que se traduce en acciones, recursos y liderazgo.

La **Ley Orgánica 3/2007**, para la igualdad efectiva de mujeres y hombres, y la **Ley 31/1995** de Prevención de Riesgos Laborales, obligan a las empresas a proteger la salud física y psicosocial de las personas trabajadoras. En el marco de estas normativas, el compromiso empresarial no es opcional: implica garantizar condiciones laborales libres de acoso, discriminación o violencia de cualquier tipo.

 Anotación

El compromiso no se demuestra con declaraciones, sino con decisiones sostenidas en el tiempo. Asignar recursos, formar a los equipos, promover la igualdad y aplicar sanciones justas son manifestaciones tangibles de dicho compromiso.

El compromiso frente a la prevención del acoso debe entenderse como un compromiso integral, que abarca tanto la dimensión organizacional como la humana.

Esto implica:

1. **Compromiso institucional:** la dirección asume públicamente su responsabilidad y lidera las políticas preventivas.
2. **Compromiso operativo:** la empresa incorpora procedimientos eficaces de actuación, seguimiento y evaluación.
3. **Compromiso cultural:** se fomenta una cultura organizacional basada en el respeto, la inclusión y la tolerancia cero ante el acoso.
4. **Compromiso social:** la empresa se alinea con los valores de responsabilidad social corporativa y de los derechos humanos.

Una empresa del sector financiero firmó un "Pacto por la Dignidad Laboral", aprobado por la dirección general, que se convirtió en una declaración institucional visible en todas las sedes. Esta acción, acompañada de formación obligatoria para mandos intermedios, fortaleció la credibilidad del compromiso corporativo.

Los **protocolos de prevención y actuación frente al acoso** son instrumentos fundamentales que dan forma operativa al compromiso empresarial. Establecen las pautas de detección, actuación, acompañamiento y sanción ante posibles casos, garantizando que todas las personas conozcan los pasos a seguir y las garantías que les protegen.

Aunque la existencia del protocolo es una obligación normativa —especialmente en el caso del **acoso sexual y por razón de sexo**, según el artículo 48 de la Ley Orgánica 3/2007—, su valor no radica únicamente en cumplir la ley. Un protocolo efectivo refleja una **convicción ética**: la voluntad de prevenir, proteger y reparar, más allá de las exigencias formales.

Sus características principales son:

Característica	Descripción
Claridad y accesibilidad	El protocolo debe estar redactado con lenguaje comprensible, inclusivo y disponible para toda la plantilla.
Agilidad	Ha de garantizar plazos razonables para investigar y resolver los casos.
Imparcialidad	El proceso debe ser gestionado por personas con formación y sin conflicto de intereses.
Confidencialidad y protección	Se deben preservar los datos personales y evitar represalias.
Reparación y seguimiento	Incluye medidas para restaurar el bienestar de la persona afectada y prevenir la repetición del acoso.

El compromiso empresarial debe **formalizarse por escrito** y hacerse visible ante toda la organización. Esta formalización otorga legitimidad, transparencia y coherencia a las actuaciones posteriores.

Los instrumentos más habituales para documentar el compromiso son los siguientes:

- **Declaración institucional o código de conducta:** documento breve que expresa la política de tolerancia cero frente al acoso y reafirma los valores de la empresa.
- **Plan o programa de prevención del acoso:** establece objetivos, responsables, recursos y cronograma de aplicación.
- **Protocolo de actuación:** define los procedimientos de comunicación, investigación y resolución.
- **Cláusulas contractuales y acuerdos colectivos:** incorporan la prevención del acoso en los contratos laborales y convenios internos.

 Ejemplo

Una empresa pública de transporte urbano incluyó en su convenio colectivo una cláusula que obliga a revisar el protocolo de acoso cada dos años. Este compromiso formal garantiza la actualización continua de las medidas, reforzando su eficacia.

La formalización del compromiso no debe ser una mera firma simbólica. Cada documento debe ir acompañado de un plan de difusión y seguimiento que garantice su aplicación práctica.

El liderazgo ético de la alta dirección es el elemento que convierte el compromiso en acción. Sin un modelo coherente de comportamiento, las políticas pierden credibilidad. La dirección debe **predicar con el ejemplo**, manifestando su compromiso de manera visible, transparente y constante.

Entre las buenas prácticas de liderazgo preventivo destacan:

- Participar activamente en las campañas internas de sensibilización.
- Comunicar públicamente los valores de respeto e igualdad.
- Garantizar recursos suficientes para la aplicación de los protocolos.
- Escuchar y atender las propuestas del comité de igualdad o del comité de prevención.
- Evaluar el cumplimiento de los compromisos en los informes anuales de gestión.

Ejemplo

En una entidad del sector sanitario, la dirección general envió una carta abierta a todo el personal, expresando su apoyo explícito a la política de prevención del acoso y recordando los canales de comunicación disponibles. Este gesto sencillo reforzó la confianza y el sentido de protección entre las trabajadoras y trabajadores.

La coherencia institucional se demuestra también en las pequeñas decisiones diarias: cómo se gestionan los conflictos, cómo se reconocen los errores y cómo se valora la diversidad.

El compromiso solo es real cuando se acompaña de **recursos humanos, técnicos y financieros**. No basta con disponer de un protocolo; es necesario garantizar su sostenibilidad mediante la asignación de medios adecuados.

Las empresas deben definir:

- Responsables institucionales de la aplicación y seguimiento del protocolo.
- Presupuesto destinado a formación, comunicación y apoyo psicológico o jurídico.
- Recursos técnicos (plataformas seguras, buzones confidenciales, servicios externos).
- Tiempos de dedicación para la gestión de casos y la evaluación de resultados.

Ejemplo

Una empresa de servicios sociales incluyó en su presupuesto anual una partida destinada a formación en prevención del acoso y atención psicológica de emergencia, reforzando así su compromiso real con el bienestar de su personal.

El compromiso de la empresa debe **comunicarse de manera visible** tanto hacia el interior de la organización como hacia el exterior. La transparencia refuerza la confianza del personal y proyecta una imagen pública de responsabilidad y ética corporativa.

Algunas estrategias efectivas de comunicación son:

- Publicar el protocolo y la declaración institucional en la intranet y en la web corporativa.
- Incorporar mensajes sobre respeto y convivencia en las campañas de comunicación interna.
- Incluir el compromiso contra el acoso en la memoria de sostenibilidad o de responsabilidad social.
- Difundir acciones o resultados relevantes, como formaciones, evaluaciones o actualizaciones del protocolo.

 **Ejemplo**

Una empresa de energías renovables publicó su compromiso contra el acoso dentro de su informe anual de sostenibilidad, junto a los indicadores de igualdad y diversidad. Esta integración reforzó su reputación como entidad responsable ante inversores y clientes.

La comunicación debe evitar el enfoque "publicitario" o superficial. La credibilidad se gana con coherencia y transparencia, no con campañas vacías.

Como todo proceso organizacional, el compromiso empresarial debe ser **evaluado** periódicamente.

Fig. 6. La evaluación no solo mide resultados, sino que demuestra la voluntad de mejora continua y de rendición de cuentas ante la plantilla y la sociedad

Los principales indicadores de compromiso son los que siguen:

Dimensión evaluada	Indicador	Fuente
Participación	Número de acciones formativas o campañas realizadas.	Informes de RR. HH.
Eficacia	Porcentaje de casos gestionados con resolución satisfactoria.	Comité de prevención o igualdad.
Percepción interna	Nivel de confianza del personal en el sistema preventivo.	Encuestas anuales.
Coherencia institucional	Integración del compromiso en políticas de RSC o calidad.	Documentos de gestión.
Transparencia	Publicación de resultados agregados o memorias.	Web o informes corporativos.

Ejemplo

Una empresa de telecomunicaciones elabora cada año un "Informe de Ética y Convivencia", donde se presentan los datos sobre acoso laboral, medidas adoptadas y acciones preventivas. Este ejercicio de transparencia refuerza su reputación y su compromiso social.

Evaluar el compromiso no significa buscar errores, sino identificar áreas de mejora. La prevención del acoso es un proceso dinámico que requiere ajuste continuo a la realidad de las personas y de la organización.

El compromiso frente al acoso trasciende el marco interno de la empresa. Cuando una organización adopta políticas sólidas de prevención y protocolos efectivos, contribuye activamente a transformar la cultura laboral y social.

Promover la dignidad y la igualdad en el trabajo tiene efectos multiplicadores: mejora el clima organizacional, reduce la rotación, fortalece la confianza interna y proyecta una imagen ética ante la comunidad. En última instancia, la empresa se convierte en un agente de cambio social, capaz de inspirar a otras entidades a seguir el mismo camino.

Ejemplo

Una cooperativa del sector educativo compartió su protocolo de prevención con centros escolares de la comunidad autónoma, generando una red colaborativa para promover la igualdad y prevenir el acoso. Su compromiso trascendió el ámbito laboral y se convirtió en una iniciativa comunitaria.

El compromiso de la empresa frente a la adopción de protocolos de prevención del acoso no es una mera obligación normativa, sino una expresión concreta de respeto a las personas. Implica actuar con coherencia, destinar recursos, garantizar la participación y rendir cuentas con transparencia.

Una empresa comprometida con la prevención del acoso no solo protege a su personal, sino que proyecta un modelo de convivencia basado en la equidad y la justicia. En este sentido, el protocolo deja de ser un documento administrativo para convertirse en un símbolo de confianza y de madurez organizacional.

Cuando la prevención del acoso forma parte del **ADN** de la empresa, esta no solo cumple la ley: contribuye activamente a construir una sociedad más digna, respetuosa y humana

Resumen

La prevención del acoso en el ámbito laboral es una responsabilidad esencial de toda organización moderna. No se limita a reaccionar ante situaciones ya ocurridas, sino que implica la creación de un entorno de trabajo donde la dignidad, la igualdad y el respeto sean valores estructurales. Prevenir el acoso requiere un enfoque integral que combine diagnóstico, políticas, niveles de protección y compromiso empresarial sostenido en el tiempo.

El primer paso de la prevención es el análisis y detección de necesidades. Este diagnóstico tiene como finalidad identificar los factores de riesgo existentes en la empresa —estructurales, relacionales, culturales, de género o psicosociales— y anticipar posibles conflictos antes de que se conviertan en conductas de acoso. El proceso debe ser participativo, implicando a toda la plantilla, y utilizar tanto herramientas cuantitativas como cualitativas, como encuestas, entrevistas o buzones confidenciales. Evaluar el clima laboral y la cultura preventiva permite conocer el grado de confianza, equidad y bienestar dentro de la organización, facilitando la adopción de medidas efectivas.

A partir de los resultados del diagnóstico, se desarrollan las políticas internas de prevención, que constituyen el marco de actuación de la empresa frente al acoso. Estas políticas deben basarse en principios de tolerancia cero, confidencialidad, imparcialidad, inclusión y no represalia, y reflejar un compromiso institucional firme con la igualdad y la diversidad. Además, deben ser documentos vivos, accesibles y revisados periódicamente, elaborados de manera participativa y alineados con la gestión empresarial, los planes de igualdad y los sistemas de prevención de riesgos laborales. Su eficacia depende de la comunicación interna, la formación continua y el seguimiento constante de sus resultados.

El sistema de prevención se articula en tres niveles de protección complementarios. La prevención primaria busca eliminar las causas estructurales del acoso, promoviendo una cultura organizacional ética y segura mediante la educación y la sensibilización. La prevención secundaria se centra en la detección temprana de señales de conflicto y en la intervención inmediata antes de que el problema se agrave, mediante canales confidenciales o mediación. Por su parte, la prevención terciaria actúa cuando el acoso ya ha ocurrido, garantizando la investigación imparcial, la protección de las personas afectadas, la reparación del daño y el seguimiento posterior. Estos tres niveles conforman un sistema continuo de protección integral que combina prevención, intervención y cuidado.

Finalmente, el compromiso empresarial frente a la adopción de protocolos de prevención constituye el núcleo que da sentido a todo el sistema. Este compromiso se expresa en la voluntad de la dirección de actuar con coherencia, destinar recursos, establecer responsabilidades claras y comunicar abiertamente su política de tolerancia cero frente al acoso. Los protocolos son la herramienta operativa que concreta ese compromiso, asegurando procedimientos claros, confidenciales y justos. Además, el liderazgo ético, la asignación de recursos, la transparencia y la evaluación periódica son indicadores esenciales del nivel real de implicación de la empresa.

La prevención del acoso no se limita al cumplimiento legal, sino que representa un acto de responsabilidad social y de madurez institucional. Una empresa comprometida con la dignidad laboral promueve una cultura del cuidado, de la corresponsabilidad y de la confianza mutua. De este modo, la prevención se convierte en un valor estratégico que fortalece no solo la convivencia interna, sino también la imagen ética y la sostenibilidad social de la organización.

Glosario

Análisis organizacional

Proceso de diagnóstico interno que permite identificar los factores de riesgo, las carencias estructurales y las percepciones del personal en relación con el clima laboral y la prevención del acoso.

Clima laboral

Percepción colectiva que las personas trabajadoras tienen sobre su ambiente de trabajo, las relaciones interpersonales, la comunicación y el nivel de justicia o equidad dentro de la organización.

Comité de prevención o igualdad

Órgano interno encargado de coordinar las acciones de prevención, seguimiento y evaluación del acoso, velando por la correcta aplicación de las políticas y protocolos.

Compromiso empresarial

Decisión consciente y sostenida de la organización de actuar frente al acoso, destinando recursos, liderando con coherencia y comunicando su responsabilidad ética y legal.

Confidencialidad

Garantía de que toda la información relacionada con denuncias o investigaciones será tratada con reserva, protegiendo la identidad y los datos personales de las personas implicadas.

Cultura del cuidado

Modelo organizacional basado en la empatía, la corresponsabilidad y el respeto mutuo, que promueve entornos laborales seguros y emocionalmente saludables.

Cultura preventiva

Conjunto de valores, actitudes y prácticas compartidas en una organización que promueven la seguridad, el respeto y la prevención de riesgos laborales, incluidos los psicosociales.

Diagnóstico participativo

Metodología de análisis que implica la colaboración activa de la plantilla y sus representantes en la identificación de problemas, riesgos y necesidades de mejora.

Factores psicosociales

Condiciones presentes en el entorno laboral que influyen en la salud mental y emocional de las personas, como el estrés, la carga de trabajo o las relaciones interpersonales.

Mediación interna

Procedimiento voluntario y confidencial en el que una persona neutral, formada en resolución de conflictos, ayuda a las partes a alcanzar acuerdos antes de recurrir a una investigación formal.

Política interna de prevención

Documento formal que establece los principios, objetivos, responsabilidades y procedimientos que la empresa adopta para prevenir y actuar frente al acoso en el entorno laboral.

Prevención primaria

Nivel preventivo orientado a evitar la aparición del acoso mediante la promoción de una cultura de respeto, igualdad y liderazgo ético dentro de la organización.

Prevención secundaria

Conjunto de medidas destinadas a detectar precozmente las situaciones de riesgo o los primeros signos de conflicto, aplicando acciones correctivas o mediadoras.

Prevención terciaria

Nivel de actuación centrado en la intervención y reparación de los daños cuando el acoso ya se ha producido, garantizando la protección y apoyo a la persona afectada.

Protocolo de actuación

Herramienta operativa que detalla las fases, garantías y procedimientos que deben seguirse ante una denuncia o sospecha de acoso, garantizando confidencialidad, imparcialidad y reparación.

Responsabilidad social corporativa (RSC)

Estrategia empresarial que integra preocupaciones sociales, éticas y medioambientales en las operaciones y decisiones de la organización, incluyendo la protección frente al acoso laboral.

Tolerancia cero

Principio rector de toda política preventiva que implica no aceptar, justificar ni minimizar ninguna forma de acoso o discriminación en el entorno laboral.

Ejercicios de autoevaluación

1. **El análisis y detección de necesidades frente al acoso tiene como objetivo principal:**

   a. Elaborar sanciones disciplinarias.

   b. Identificar y anticipar factores de riesgo dentro de la organización.

   c. Sustituir los protocolos de actuación.

   d. Aumentar la competitividad empresarial.

2. **¿Qué tipo de factor de riesgo se asocia con la cultura interna que tolera "bromas" ofensivas o lenguaje sexista?**

   a. Estructural.

   b. Psicosocial.

   c. Cultural.

   d. De género.

3. **Una de las herramientas más utilizadas para evaluar riesgos psicosociales en Europa es:**

   a. Informe Anual de Sostenibilidad.

   b. Cuestionario de Evaluación de Riesgos Psicosociales de la EU-OSHA.

   c. ISO 45001.

   d. Código de Buenas Prácticas Laborales.

4. **¿Cuál de las siguientes acciones forma parte de la prevención primaria del acoso?**

   a. Activación del protocolo disciplinario.

   b. Cambio de puesto de la persona afectada.

   c. Formación en igualdad y comunicación inclusiva.

   d. Seguimiento psicológico tras el acoso.

5. En el análisis organizacional, los métodos cualitativos se emplean para:

a. Conocer percepciones y experiencias del personal.

b. Cuantificar los casos de acoso.

c. Elaborar estadísticas anuales.

d. Identificar sanciones aplicadas.

6. ¿Qué principio rector debe guiar toda política de prevención del acoso?

a. Competitividad.

b. Productividad.

c. Tolerancia cero ante cualquier forma de acoso.

d. Promoción de la jerarquía.

7. El diseño de políticas internas debe ser:

a. Exclusivo de la dirección.

b. Supervisado por la inspección laboral.

c. Participativo, con implicación de toda la plantilla.

d. Confidencial y sin difusión pública.

8. Integrar la prevención del acoso en los planes de igualdad o de prevención de riesgos laborales es un ejemplo de:

a. Medida de reparación.

b. Acción disciplinaria.

c. Evaluación secundaria.

d. Integración transversal en la gestión empresarial.

9. **¿Qué nivel de prevención busca detectar precozmente las situaciones de riesgo?**

   a. Prevención secundaria.
   b. Prevención primaria.
   c. Prevención terciaria.
   d. Prevención estructural.

10. **Las políticas de prevención deben revisarse periódicamente para:**

   a. Cambiar la plantilla responsable.
   b. Evaluar su eficacia y adaptarlas a nuevas realidades.
   c. Evitar auditorías externas.
   d. Reducir costos operativos.

U. A. 4. Protocolo y plan de actuación frente al acoso laboral, acoso sexual y/o por razón de sexo en el entorno laboral

Introducción

La prevención y erradicación del acoso en el ámbito laboral no se limita a la sensibilización o a la existencia de normas generales de comportamiento. Para que una organización garantice un entorno seguro, equitativo y respetuoso, es imprescindible contar con protocolos y planes de actuación específicos que establezcan con claridad los procedimientos de denuncia, investigación y resolución de los casos de acoso.

Un protocolo de acoso laboral constituye una herramienta fundamental dentro de la política preventiva de la empresa. Su función principal es detectar, intervenir y corregir situaciones de acoso, ofreciendo una vía formal y confidencial para que las víctimas o testigos puedan comunicar hechos y recibir una respuesta adecuada. Este documento, además, contribuye a reforzar la cultura de respeto y tolerancia cero hacia cualquier forma de violencia o discriminación.

En la actualidad, la implantación de estos protocolos se ha convertido en una obligación legal y ética para las empresas. La normativa española —reforzada por la Ley Orgánica 3/2007 para la igualdad efectiva de mujeres y hombres, la Ley de Infracciones y Sanciones del Orden Social, y la Ley de Prevención de Riesgos Laborales— exige la adopción de medidas preventivas concretas que incluyan planes de igualdad y protocolos frente al acoso sexual y por razón de sexo.

Esta unidad analiza las características, fases y mecanismos de ejecución de un protocolo de actuación frente al acoso, así como su seguimiento, evaluación y mejora continua, garantizando la protección de los derechos de todas las personas trabajadoras y la responsabilidad social de la empresa.

Objetivos

- Identificar las características esenciales y el ámbito de aplicación de un protocolo frente al acoso laboral, sexual y/o por razón de sexo.
- Comprender los principios rectores y objetivos fundamentales que deben guiar la creación e implementación del protocolo.
- Describir las etapas y procedimientos clave del plan de actuación ante situaciones de acoso.
- Aplicar los mecanismos adecuados de ejecución, promoción y seguimiento del protocolo dentro de la empresa.
- Evaluar la eficacia del protocolo, proponiendo adaptaciones o mejoras derivadas de su aplicación práctica y de los resultados obtenidos.

1. Características y ámbito de aplicación del protocolo

El protocolo de actuación frente al acoso laboral, sexual o por razón de sexo constituye un instrumento operativo dentro del sistema de prevención de riesgos psicosociales de las organizaciones. No se trata únicamente de un documento formal, sino de un mecanismo de garantía y protección frente a las conductas que vulneran la dignidad, la integridad física o emocional y los derechos fundamentales de las personas trabajadoras.

Su diseño, aprobación e implementación requieren un enfoque integral, que contemple tanto la prevención como la intervención temprana ante situaciones de riesgo, y que actúe en coherencia con los valores de igualdad, respeto y corresponsabilidad que deben regir toda cultura organizativa moderna.

El protocolo de acoso es una herramienta preventiva y reactiva. Desde la perspectiva preventiva, su existencia busca anticipar las situaciones de riesgo, informar y sensibilizar a toda la plantilla sobre las conductas no toleradas y ofrecer vías claras de actuación. En su vertiente reactiva, establece los procedimientos formales de denuncia, investigación y resolución de los casos, garantizando la confidencialidad, imparcialidad y protección de todas las personas implicadas.

Estas dos dimensiones —preventiva y reactiva— deben coexistir en equilibrio. Un protocolo que solo actúe una vez producido el daño será ineficaz; del mismo modo, un documento sin mecanismos de respuesta carecerá de utilidad práctica.

Recuerda

En la legislación española, las empresas con personas trabajadoras están obligadas a disponer de un protocolo de acoso sexual y por razón de sexo, en cumplimiento del artículo 48 de la Ley Orgánica 3/2007, de 22 de marzo, para la igualdad efectiva de mujeres y hombres, así como a desarrollar actuaciones preventivas frente a cualquier forma de acoso moral, conforme a la Ley de Prevención de Riesgos Laborales (Ley 31/1995).

El protocolo frente al acoso laboral y sexual debe reunir una serie de características esenciales que aseguren su eficacia jurídica, operativa y humana. Sus características son las que siguen:

- **Carácter obligatorio y universal:** todas las organizaciones, con independencia de su tamaño, sector o naturaleza jurídica, deben contar con un protocolo adaptado a su estructura y recursos.
- **Enfoque preventivo y no punitivo:** su finalidad no es sancionar de entrada, sino prevenir, proteger y restablecer el bienestar en el entorno de trabajo.
- **Accesibilidad y comprensión:** debe estar **redactado en un lenguaje claro, inclusivo y no técnico,** comprensible para toda la plantilla, evitando ambigüedades.
- **Difusión y comunicación interna:** ha de difundirse entre todas las personas trabajadoras y ser fácilmente accesible (por ejemplo, en el portal interno o tablón de anuncios).
- **Imparcialidad y objetividad:** las personas responsables de su aplicación deben actuar sin prejuicios, garantizando la **presunción de inocencia y el derecho de defensa**.
- **Confidencialidad absoluta:** la protección de la identidad de las partes es un principio esencial, tanto para evitar represalias como para garantizar un clima de confianza.
- **Protección integral:** incluye medidas de acompañamiento psicológico, jurídico y laboral tanto para la persona denunciante como para la denunciada, evitando daños colaterales.
- **Temporalidad definida:** cada fase del procedimiento (admisión, investigación, resolución) debe contar con **plazos máximos** de respuesta, que impidan demoras innecesarias.
- **Evaluación periódica:** el protocolo debe revisarse y actualizarse regularmente para adaptarse a la realidad de la empresa y a los cambios normativos.

Ejemplo

En una empresa de 200 personas trabajadoras, el protocolo establece que las denuncias deben ser atendidas por una Comisión de Prevención del Acoso, formada por representantes de la dirección, del comité de personas trabajadoras y por una persona experta externa en igualdad. Este equilibrio entre partes internas y externas refuerza la neutralidad y legitimidad del procedimiento.

El **ámbito de aplicación** de un protocolo de acoso define a quiénes protege, en qué contextos y ante qué conductas. No debe limitarse únicamente a las personas con contrato laboral indefinido, sino incluir todas las formas de vinculación con la organización.

Por tanto, el protocolo se aplica a:

- **Personas trabajadoras** de cualquier categoría profesional o modalidad contractual (indefinidas, temporales, en prácticas, becarias, etc.).
- **Personas externas vinculadas** al entorno laboral, como personal subcontratado, de empresas proveedoras o de servicios auxiliares.
- **Personas en formación o prácticas**, así como voluntariado o alumnado en centros con convenios de colaboración.
- **Personas visitantes o clientela**, cuando las conductas de acoso provengan o se dirijan hacia ellas dentro del ámbito de la organización.

Fig. 1. Su aplicación no se restringe al espacio físico de trabajo, sino que se extiende a todos los entornos donde se desarrollen actividades profesionales: reuniones externas, viajes de trabajo, eventos corporativos o espacios digitales (plataformas internas, redes sociales o comunicación telemática corporativa)

Anotación

El acoso a través de medios digitales (mensajes, correos, plataformas de mensajería o redes sociales laborales) se reconoce hoy como una de las manifestaciones más complejas de detectar y tratar. El protocolo debe contemplar específicamente estas situaciones, estableciendo criterios sobre la obtención de pruebas digitales y la protección de datos personales.

Para garantizar la eficacia del documento, es fundamental que se **delimiten claramente las conductas** que pueden ser consideradas acoso. Estas pueden clasificarse en tres grandes grupos:

1. **Acoso laboral o psicológico (mobbing):** comportamientos hostiles o humillantes, reiterados en el tiempo, que buscan aislar o degradar profesionalmente a una persona.
2. **Acoso sexual:** cualquier comportamiento verbal, no verbal o físico de naturaleza sexual que tenga como objeto o efecto vulnerar la dignidad de una persona.
3. **Acoso por razón de sexo o de género:** conductas basadas en el sexo, identidad o expresión de género que generen un entorno intimidatorio, degradante u ofensivo.

El protocolo debe incluir ejemplos orientativos que sirvan de guía a la plantilla.

En un caso de acoso laboral, una trabajadora recibe de su superior comentarios constantes descalificándola frente a sus compañeras, le asignan tareas inferiores a su cualificación y se le excluye de reuniones relevantes.

En un caso de acoso sexual, un compañero envía mensajes con connotaciones sexuales insistentes a otra persona, pese a sus negativas expresas.

En un acoso por razón de sexo, un empleado trans es objeto de burlas continuas sobre su identidad por parte de un grupo de trabajo.

No todas las situaciones conflictivas en el trabajo constituyen acoso. Por ello, el protocolo debe incluir criterios de exclusión, diferenciando las conductas de acoso de otras actuaciones legítimas de la gestión laboral, como:

- **Discrepancias profesionales** o conflictos puntuales entre personas trabajadoras, siempre que se mantenga el respeto mutuo.
- **Ejercicio razonable de la dirección**, como la asignación de tareas, control de resultados o aplicación de medidas disciplinarias, siempre que no impliquen humillación o abuso.
- **Situaciones derivadas del estrés laboral o sobrecarga de trabajo**, que deben abordarse desde la prevención de riesgos psicosociales, pero no constituyen acoso por sí mismas.

Anotación

Diferenciar entre conflicto laboral y acoso es esencial para evitar tanto injusticias hacia las personas denunciadas como impunidad frente a conductas graves. Un buen protocolo debe establecer herramientas de mediación previa cuando la situación no cumpla los criterios de acoso.

El protocolo no puede funcionar de forma aislada; debe integrarse dentro del sistema de gestión de prevención de riesgos laborales y de igualdad de la empresa. Esto implica que su diseño y aplicación deben coordinarse con:

- El Plan de Igualdad, en empresas donde sea obligatorio.
- La Evaluación de riesgos psicosociales.
- El Código ético o de conducta corporativo.
- Los canales internos de denuncia y el comité de seguridad y salud laboral.

Esta integración permite una visión sistémica de la prevención, donde cada herramienta refuerza a las demás.

Ejemplo

En una cooperativa de servicios sociales, el protocolo frente al acoso se encuentra vinculado al Plan de Igualdad y al Código Ético. Cada año, la cooperativa realiza una sesión formativa obligatoria donde se repasan los principios del protocolo, se presentan casos reales y se actualizan las vías de contacto del equipo de referencia. Esta integración facilita la prevención activa y la implicación colectiva.

Un protocolo bien diseñado debe garantizar que todas las personas — independientemente de su jerarquía, antigüedad, origen, identidad de género, orientación sexual, edad o condición— estén igualmente protegidas. Este principio de universalidad se complementa con la equidad, que reconoce las diferencias y necesidades específicas de ciertos grupos.

Anotación

La aplicación con enfoque de interseccionalidad es fundamental: una mujer migrante, una persona con discapacidad o un trabajador LGTBIQ+ pueden estar expuestos a múltiples formas de discriminación. El protocolo debe tener en cuenta esta realidad y ofrecer medidas específicas de acompañamiento y protección.

En síntesis, el protocolo de actuación frente al acoso debe concebirse como un marco normativo y operativo, transversal a toda la política empresarial. Es un reflejo del compromiso institucional con la igualdad, la justicia y el bienestar psicosocial en el trabajo. Su correcta aplicación no solo previene vulneraciones, sino que fortalece la cohesión, la confianza y la responsabilidad compartida dentro de la organización.

2. Objetivos y principios fundamentales de la implementación del protocolo

La implementación de un protocolo frente al acoso laboral, sexual y/o por razón de sexo no debe entenderse como un mero trámite administrativo o un requisito formal que cumplir ante la legislación vigente. Es, en realidad, una declaración activa de compromiso de la organización con los valores de igualdad, respeto, seguridad y justicia.

Este protocolo se convierte en una herramienta de gestión ética y preventiva, que busca transformar la cultura interna de la empresa y garantizar que las relaciones laborales se desarrollen en un entorno donde todas las personas —independientemente de su identidad, sexo, orientación sexual, edad, origen, discapacidad o posición jerárquica— puedan ejercer sus funciones con dignidad, tranquilidad y equidad.

A continuación, se abordan los **objetivos generales y específicos** que justifican la existencia del protocolo, así como los principios rectores que deben guiar su puesta en marcha y funcionamiento.

El protocolo cumple varias finalidades que actúan de manera interrelacionada: prevenir, detectar, intervenir, reparar y mejorar. Estos objetivos no se limitan a la actuación ante casos concretos, sino que abarcan toda la dinámica organizativa.

Sus objetivos principales son los que siguen:

1. **Prevenir la aparición de conductas de acoso**, promoviendo una cultura de respeto mutuo, sensibilización y comunicación asertiva.
2. **Establecer procedimientos claros y accesibles** para denunciar y abordar posibles casos de acoso dentro del entorno laboral.
3. **Garantizar la protección integral de las personas implicadas**, evitando la revictimización, las represalias o el deterioro de la salud emocional.
4. **Asegurar la confidencialidad y la imparcialidad** durante todo el proceso, protegiendo la privacidad y los derechos de todas las partes.
5. **Favorecer la intervención temprana**, reduciendo los daños individuales y colectivos mediante una gestión ágil de las denuncias o quejas.
6. **Cumplir con la normativa nacional e internacional**, en especial con la Ley Orgánica 3/2007 para la igualdad efectiva de mujeres y hombres, la Ley 31/1995 de Prevención de Riesgos Laborales, el Estatuto de los Trabajadores y los convenios de la OIT.

7. **Promover la reparación del daño**, tanto a nivel individual (a la persona afectada) como organizacional, mediante medidas correctivas y restaurativas.

8. **Evaluar y mejorar continuamente** el funcionamiento del protocolo y las políticas de igualdad y prevención asociadas.

Anotación

La adopción de un protocolo no solo responde a una obligación legal, sino también a una estrategia de responsabilidad social corporativa (RSC). Las empresas que demuestran tolerancia cero frente al acoso refuerzan su reputación, atraen y retienen talento, y proyectan confianza hacia clientes, instituciones y sociedad.

Desde un punto de vista técnico, el protocolo persigue objetivos diferenciados según el momento de intervención:

- **En la fase preventiva:**
  o Sensibilizar y formar al personal sobre las distintas formas de acoso y sus consecuencias.
  o Fomentar la comunicación abierta y el respeto como valores institucionales.
  o Integrar la perspectiva de igualdad y diversidad en todas las políticas internas.

- **En la fase reactiva:**
  o Ofrecer canales seguros y confidenciales para presentar quejas o denuncias.
  o Establecer un procedimiento transparente de investigación.
  o Garantizar una resolución justa y medidas adecuadas de protección o sanción.

Estas dos dimensiones —preventiva y reactiva— deben articularse de forma coherente para que el protocolo tenga **eficacia real** y no se reduzca a una simple formalidad documental.

Ejemplo

En una empresa del sector tecnológico, el protocolo establece que, además de los canales formales de denuncia, existen espacios de mediación preventiva gestionados por personal de confianza con formación en igualdad y salud laboral. Gracias a esta medida, el 70 % de los conflictos se resuelven antes de derivar en casos de acoso, reforzando el clima laboral.

La eficacia del protocolo depende en gran medida de los **principios rectores** que guíen su elaboración, implantación y aplicación. Estos principios garantizan que las actuaciones sean coherentes con los valores de justicia, equidad y respeto institucional. Los principales principios son los que se indican a continuación:

- **Tolerancia cero**: ninguna forma de acoso —sea verbal, física, psicológica o digital— será aceptada ni justificada. Este principio debe ser explícito en las políticas internas y respaldado por la dirección.
- **Dignidad y respeto a la persona**: todas las personas tienen derecho a trabajar en un entorno libre de humillación o discriminación. El protocolo debe centrarse en proteger la dignidad humana por encima de cualquier interés corporativo.
- **Confidencialidad y discreción**: las actuaciones derivadas de una denuncia deben desarrollarse bajo estricta reserva, protegiendo la intimidad y el bienestar emocional de las personas implicadas.
- **Imparcialidad y objetividad**: las personas encargadas de aplicar el protocolo deben actuar sin conflicto de intereses, basándose exclusivamente en los hechos comprobados.
- **Protección frente a represalias**: el protocolo debe garantizar que ninguna persona sufra consecuencias adversas por haber presentado una denuncia o participado en la investigación.
- **Celeridad y proporcionalidad**: las actuaciones deben desarrollarse con rapidez y con respuestas proporcionales a la gravedad de los hechos, evitando dilaciones que agraven el daño.
- **Escucha activa y acompañamiento**: se debe asegurar un trato empático, sin juicios ni cuestionamientos de la persona denunciante.

- **Perspectiva de género e interseccionalidad**: reconocer las desigualdades estructurales y la interacción de distintos factores de discriminación (sexo, género, edad, origen, discapacidad, orientación sexual, etc.).

- **Legalidad y seguridad jurídica**: todo el proceso debe ajustarse a las normativas vigentes en materia laboral, de igualdad, protección de datos y prevención de riesgos.

- **Mejora continua y aprendizaje institucional**: la experiencia obtenida de cada caso debe utilizarse para revisar políticas, reforzar la formación y mejorar el clima laboral.

Ejemplo

Una empresa que implementa su protocolo de acoso introduce el principio de escucha activa como elemento obligatorio en la primera entrevista con la persona denunciante. De este modo, la conversación se centra en comprender el impacto emocional y las necesidades inmediatas de apoyo, más allá de los hechos formales. Esta práctica refuerza la confianza en la institución.

Además de los principios éticos, existen principios operativos que garantizan la viabilidad y sostenibilidad del protocolo dentro del sistema empresarial:

- **Integración institucional:** el protocolo debe estar alineado con el Plan de Igualdad, el reglamento interno y el sistema de prevención de riesgos psicosociales.

- **Formación y sensibilización continua:** todas las personas trabajadoras, especialmente quienes ocupan puestos de mando, deben recibir formación periódica sobre acoso, igualdad y trato respetuoso.

- **Participación activa:** el diseño e implementación deben involucrar a la representación legal de las personas trabajadoras y, cuando sea posible, al conjunto de la plantilla.

- **Evaluación y transparencia:** los resultados y aprendizajes derivados de los casos deben analizarse de manera agregada y confidencial, para mejorar las políticas y prevenir futuras incidencias.

Anotación

La participación sindical y del personal técnico de prevención o igualdad es un factor decisivo. Su intervención asegura que el protocolo no quede limitado a la dirección, sino que se construya de manera colectiva y corresponsable.

Ningún protocolo puede funcionar sin un compromiso real de la dirección.

Fig. 2. El compromiso debe ser visible, sostenido y traducirse en recursos, tiempo y formación

No basta con aprobar un documento: es preciso liderar con el ejemplo.

El equipo directivo debe:

- Difundir una declaración pública de tolerancia cero hacia el acoso.
- Asegurar que las vías de denuncia sean seguras, conocidas y accesibles.
- Designar a las personas responsables de aplicar el protocolo, garantizando su independencia y capacitación.
- Promover una cultura organizativa basada en la igualdad, el respeto y la comunicación empática.

Ejemplo

Una cooperativa del sector sociosanitario acompaña su protocolo con un Plan de Liderazgo Ético, mediante el cual todas las personas con responsabilidad de coordinación deben realizar una formación anual de 8 horas sobre gestión emocional y resolución no violenta de conflictos. De esta manera, se refuerza el principio de coherencia entre discurso y práctica.

La implementación del protocolo no recae exclusivamente en la dirección ni en los departamentos de recursos humanos. La **responsabilidad colectiva** es clave para crear entornos laborales libres de acoso.

Cada persona trabajadora debe asumir su parte en la prevención y actuación, lo que implica:

- Conocer el contenido del protocolo.
- Denunciar o comunicar cualquier conducta inapropiada de la que sea testigo.
- Evitar la pasividad o la complicidad mediante el silencio.
- Contribuir a mantener un entorno basado en la cooperación y el respeto.

Anotación

El silencio ante el acoso no es neutralidad, sino una forma de permitir que la situación continúe. El protocolo debe incluir medidas de protección también para las personas testigos, fomentando la confianza y la implicación activa.

Para comprobar si los principios se aplican de forma efectiva, la organización debe incorporar **indicadores de seguimiento**.

Algunos ejemplos de indicadores pueden ser:

Dimensión evaluada	Indicador propuesto	Frecuencia de revisión
Difusión y conocimiento del protocolo	% de personas que conocen el protocolo (según encuestas internas)	Anual
Accesibilidad del canal de denuncia	Tiempo medio de respuesta inicial	Semestral
Formación y sensibilización	Número de sesiones formativas realizadas y nivel de satisfacción	Anual
Confidencialidad y trato digno	Evaluación de percepción de seguridad y respeto por parte de las personas usuarias del protocolo	Trienal
Mejora continua	Actualizaciones realizadas y nuevas medidas adoptadas	Según revisión de casos

Ejemplo

Una empresa del sector educativo detectó, a través de estos indicadores, que solo el 60 % de la plantilla conocía el protocolo de acoso. Como resultado, se implantó una campaña interna llamada "Cuidar el respeto", que incrementó el conocimiento al 95 % en seis meses.

Los objetivos y principios fundamentales del protocolo configuran su base ética y funcional. Un protocolo eficaz no solo protege, sino que educa, transforma y cohesiona. Es una herramienta de garantía de derechos, de cultura organizativa saludable y de madurez social, donde el respeto se convierte en norma y la igualdad en práctica cotidiana.

3. Etapas del protocolo

La eficacia de un protocolo frente al acoso laboral, sexual o por razón de sexo depende no solo de su contenido normativo, sino también de la claridad y precisión en las etapas que lo componen. Estas etapas permiten que la organización actúe de forma ordenada, transparente y equitativa ante cualquier denuncia o sospecha de acoso, asegurando que se cumplan los principios de celeridad, confidencialidad, imparcialidad y protección.

El protocolo debe concebirse como un circuito de actuación estructurado, que parte de la prevención y sensibilización, pasa por la detección y denuncia, continúa con la investigación y resolución, y culmina con la evaluación y mejora continua.

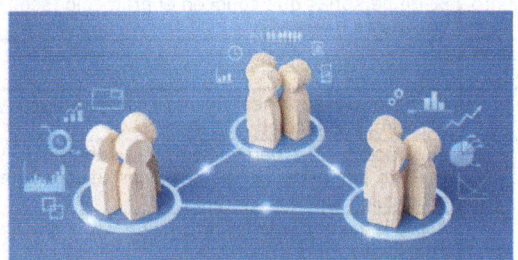

Fig. 3. Cada una de estas etapas requiere una coordinación efectiva entre la dirección, los servicios de prevención, la representación de las personas trabajadoras y las figuras designadas para la gestión del protocolo

A. Etapa de prevención y sensibilización

El primer pilar del protocolo es la **prevención**, que busca evitar la aparición de situaciones de acoso antes de que se produzcan. Esta etapa tiene carácter permanente y debe integrarse dentro de las políticas de igualdad, bienestar y seguridad laboral de la organización.

Las acciones preventivas más habituales son las que siguen:

- **Difusión del protocolo** entre todas las personas trabajadoras, mediante reuniones informativas, manuales de acogida, intranet o tablones corporativos.
- **Formación periódica** en igualdad, comunicación no violenta y gestión del conflicto. Esta formación debe adaptarse a los distintos niveles jerárquicos.
- **Campañas de sensibilización** sobre las consecuencias del acoso y la importancia de denunciar conductas inapropiadas.
- **Evaluación de riesgos psicosociales**, con especial atención a las dinámicas de poder, presión o exclusión.
- **Creación de canales seguros de comunicación** que permitan expresar malestar sin miedo a represalias.

Ejemplo

Una empresa del sector sanitario organiza cada año un taller titulado "El respeto también se aprende", donde se analizan situaciones reales de acoso y se enseñan estrategias de comunicación asertiva. Esta práctica reduce los conflictos y refuerza la empatía en el entorno laboral.

La prevención no solo se basa en acciones formativas; implica también liderazgo ético por parte de la dirección, coherencia entre discurso y práctica, y modelos de comportamiento positivo que se transmiten desde los equipos directivos hacia toda la plantilla.

B. Etapa de detección y comunicación del acoso

Cuando la prevención no ha sido suficiente y surgen indicios de acoso, se activa la etapa de **detección y comunicación**. Esta fase es crucial porque marca el momento en que la organización toma conocimiento de una posible vulneración.

La detección puede producirse de varias formas:

- **Denuncia formal:** presentada por la persona afectada mediante el procedimiento establecido en el protocolo.
- **Comunicación informal o consulta confidencial:** la persona puede expresar sus dudas o malestar sin formalizar una denuncia, buscando orientación o apoyo.
- **Observación directa:** cuando una persona testigo o responsable percibe conductas inapropiadas y lo comunica al área competente.

El protocolo debe ofrecer canales accesibles, confidenciales y seguros. Estos canales pueden incluir correo electrónico específico, buzón confidencial, plataforma digital o contacto directo con la persona o comisión responsable.

Anotación

Se recomienda que exista una persona de referencia (por ejemplo, una persona delegada de igualdad o de prevención) con formación especializada, capaz de atender a la persona denunciante con empatía, sin emitir juicios y garantizando la reserva de la información.

La fase de comunicación finaliza con la **admisión o no admisión a trámite** de la denuncia. Si los hechos descritos no encajan en la definición de acoso, se pueden derivar a otros procedimientos internos, como mediación laboral o gestión de conflictos.

C. Etapa de investigación

La investigación es la etapa más delicada y técnica del protocolo. En ella se analiza la veracidad de los hechos y se recaban pruebas o testimonios para emitir una conclusión.

El procedimiento de investigación debe desarrollarse conforme a criterios de objetividad, imparcialidad y respeto a la presunción de inocencia, evitando cualquier trato discriminatorio hacia las partes.

Generalmente, la investigación se lleva a cabo por una **Comisión de Prevención o Comisión Investigadora**, integrada de forma paritaria y con presencia equilibrada entre la empresa y la representación legal de las personas trabajadoras. Esta comisión debe recibir formación específica en igualdad, acoso y gestión ética de conflictos.

Las principales fases internas de la investigación son las que siguen:

1. **Constitución formal de la comisión investigadora.**
2. **Recopilación de información:** entrevistas, revisión de documentos, correos o mensajes, y cualquier otra evidencia pertinente.
3. **Declaración de las partes:** tanto la persona denunciante como la denunciada deben ser escuchadas por separado, en condiciones de respeto y confidencialidad.
4. **Toma de testimonio de posibles personas testigo.**

5. **Análisis y valoración de las pruebas:** ponderando los indicios, la coherencia de los relatos y la gravedad de las conductas.
6. **Elaboración del informe final**, donde se exponen los hechos constatados, la evaluación de las pruebas y las conclusiones.

 Ejemplo

En una empresa de transporte, una trabajadora denuncia acoso verbal por parte de su superior. La comisión investigadora analiza los mensajes de chat, entrevista a tres personas testigo y constata un patrón reiterado de humillaciones. El informe concluye que existe acoso psicológico, proponiendo sanción disciplinaria y apoyo psicológico a la víctima.

La comisión debe concluir su investigación en un **plazo razonable**, habitualmente no superior a 30 días naturales, salvo causas justificadas. Los retrasos pueden agravar la situación de la persona afectada y afectar la credibilidad institucional.

D. Etapa de resolución

Una vez finalizada la investigación, la comisión o el órgano competente emite una **resolución motivada**, que debe incluir:

- Las **conclusiones** sobre la existencia o no de acoso.
- Las **recomendaciones de actuación** (medidas disciplinarias, formativas, de acompañamiento, etc.).
- Las **propuestas de mejora** para evitar la repetición de los hechos.

En esta etapa, la organización debe adoptar medidas proporcionadas y justas. Si se acredita el acoso, las sanciones deben estar alineadas con el régimen disciplinario del convenio colectivo y con el principio de proporcionalidad.

Además de las sanciones, pueden establecerse medidas complementarias:

- **Reubicación temporal o definitiva** de las partes.

- **Apoyo psicológico** a la persona afectada.
- **Formación obligatoria** en igualdad o sensibilización para el personal implicado.
- **Revisión de dinámicas de grupo o liderazgo** si el acoso se vincula a malas prácticas estructurales.

Ejemplo

En un centro educativo, un docente que ejerce conductas intimidatorias hacia una compañera recibe una sanción de suspensión de empleo durante 15 días, además de participar en un programa formativo sobre comunicación respetuosa. Esta medida busca corregir sin estigmatizar, reforzando la prevención futura.

Es fundamental comunicar la resolución a las partes implicadas, manteniendo la reserva informativa sobre los detalles del proceso. Asimismo, la empresa debe garantizar que la persona afectada no sufra represalias posteriores.

E. Etapa de seguimiento y acompañamiento

Una vez emitida la resolución, se abre una fase de **seguimiento**, destinada a verificar la eficacia de las medidas adoptadas y el bienestar de las personas implicadas.

El seguimiento se materializa en reuniones o entrevistas periódicas con la persona afectada y con los responsables de la unidad de trabajo, a fin de comprobar que no se repiten conductas inadecuadas ni se producen situaciones de aislamiento o venganza.

Las acciones más habituales son las que siguen:

- Revisión del clima laboral tras la intervención.
- Evaluación de la reincorporación y adaptación de la persona afectada.
- Actualización del informe final con observaciones del seguimiento.
- Refuerzo de la comunicación y del apoyo psicológico.

La supervisión debe prolongarse durante un tiempo prudencial (por ejemplo, seis meses), adaptándose a la gravedad del caso. El objetivo no es el control, sino la reparación y restablecimiento del equilibrio relacional en el entorno laboral.

F. Etapa de evaluación y mejora continua

Finalmente, el protocolo debe someterse a un proceso de **evaluación periódica**, orientado a medir su eficacia y detectar posibles debilidades. Esta etapa garantiza que el sistema se mantenga vivo, actualizado y adaptado a los cambios normativos y organizativos.

Algunos indicadores que se pueden emplear para evaluar la eficacia del protocolo son:

Dimensión	Indicador propuesto	Método de evaluación	Periodicidad
Prevención	Número de acciones formativas realizadas y grado de participación	Registro interno	Anual
Confianza en el sistema	Porcentaje de denuncias presentadas de forma formal frente a informal	Análisis de casos	Anual
Tiempo de respuesta	Promedio de días desde la denuncia hasta la resolución	Seguimiento de expedientes	Semestral
Satisfacción de las personas usuarias	Valoración anónima de la atención recibida	Encuesta confidencial	Bienal
Impacto organizacional	Reducción de conflictos reiterados en áreas críticas	Evaluación de clima laboral	Trienal

Ejemplo

Una entidad pública detectó que el tiempo medio de resolución de casos era de 60 días, el doble de lo previsto. Tras la evaluación, amplió la comisión de investigación con una figura suplente, lo que redujo el plazo a 28 días, mejorando la percepción de eficacia del protocolo.

Fig. 4. La evaluación debe incluir un informe global anual, presentado ante la dirección y la representación de las personas trabajadoras, en el que se propongan medidas de mejora y actualización del protocolo

Para facilitar la comprensión de su estructura, el protocolo puede representarse de manera esquemática, como se muestra a continuación:

Etapa	Finalidad principal	Actores implicados
Prevención y sensibilización	Evitar la aparición de conductas de acoso	Dirección, RR. HH., Servicio de Prevención, Plantilla
Detección y comunicación	Canalizar la información sobre posibles casos	Personas trabajadoras, delegaciones de igualdad o prevención
Investigación	Analizar los hechos y emitir conclusiones objetivas	Comisión investigadora, asesoría jurídica o técnica
Resolución	Determinar las medidas correctoras o sanciones	Dirección, RR. HH., representantes legales
Seguimiento y acompañamiento	Garantizar la protección y el restablecimiento del clima laboral	Comisión de seguimiento, responsables de área
Evaluación y mejora continua	Revisar y optimizar la eficacia del protocolo	Dirección, representación laboral, área de igualdad

Cada etapa del protocolo se relaciona con las demás. La prevención eficaz reduce la necesidad de intervenciones reactivas; la investigación rigurosa fortalece la confianza en el sistema; y la evaluación continua alimenta la mejora de la prevención.

Por tanto, el protocolo debe considerarse como un ciclo dinámico de gestión ética, donde la responsabilidad y la cooperación son compartidas entre la empresa y toda su plantilla.

La implementación de las etapas del protocolo debe contemplar los principios de transparencia, seguridad jurídica, equidad y cuidado emocional, asegurando que el procedimiento no solo resuelva casos, sino que promueva una verdadera cultura organizacional libre de acoso.

4. Implementación y ejecución del protocolo

Una vez diseñado y aprobado, el protocolo frente al acoso laboral, sexual o por razón de sexo debe ser implantado y ejecutado de manera efectiva dentro de la organización. Su valor no reside únicamente en la redacción del documento, sino en la puesta en práctica real de sus procedimientos, responsabilidades y recursos.

La implementación exige una planificación rigurosa, una comunicación transparente y una implicación activa de todos los niveles jerárquicos. El protocolo debe integrarse de forma transversal en la cultura organizativa, vinculándose con los sistemas de prevención de riesgos laborales, igualdad de oportunidades y ética corporativa.

Antes de iniciar la aplicación del protocolo, es necesario que la empresa realice una preparación estructurada. Esta fase previa garantiza que, al ponerse en marcha, el procedimiento sea operativo, conocido y aceptado por todas las personas implicadas.

Las principales acciones preparatorias son las siguientes:

- **Aprobación formal del protocolo.** El documento debe ser validado por la dirección y, cuando proceda, por la representación legal de las personas trabajadoras. En las empresas obligadas a elaborar un **Plan de Igualdad**, el protocolo debe integrarse como anexo o instrumento complementario.
- **Designación de personas responsables.** Es indispensable nombrar a las personas o comisiones que gestionarán el protocolo. Deben contar con formación específica en igualdad, gestión de conflictos y confidencialidad.
- **Dotación de recursos humanos y materiales.** El protocolo requiere medios suficientes: espacio para entrevistas, soporte informático seguro, canales de comunicación confidenciales y asesoramiento psicológico o jurídico externo si es necesario.

- **Elaboración de un plan de comunicación interna.** La plantilla debe conocer la existencia del protocolo, sus objetivos, los canales de denuncia y las personas de contacto. La información debe difundirse en todos los centros de trabajo y adaptarse a distintos formatos (cartelería, intranet, guías, vídeos explicativos, etc.).
- **Capacitación inicial.** Toda persona con responsabilidad de supervisión, dirección o recursos humanos debe recibir formación sobre el contenido del protocolo y su aplicación práctica.

Anotación

La implementación exitosa del protocolo requiere un enfoque participativo. Involucrar desde el principio a las delegaciones sindicales, al comité de seguridad y salud y al personal técnico de prevención refuerza su legitimidad y eficacia.

La ejecución del protocolo implica la colaboración de distintos actores que asumen funciones complementarias. Sus roles más importantes son los que siguen:

Agente o figura	Funciones principales
Dirección o gerencia	Garantizar los recursos, aprobar medidas disciplinarias y velar por el cumplimiento legal.
Personas responsables del protocolo / Comisión de Acoso	Recibir denuncias, investigar los hechos y proponer medidas.
Departamento de Recursos Humanos	Aplicar medidas laborales derivadas del proceso y proteger la confidencialidad.
Representación legal de las personas trabajadoras	Acompañar y asesorar a las personas implicadas, velando por el respeto de los derechos laborales.
Servicio de Prevención y Área de Igualdad	Coordinar el protocolo con el sistema de PRL y el Plan de Igualdad.
Toda la plantilla	Conocer el protocolo, respetar sus principios y denunciar o comunicar conductas contrarias al mismo.

Ejemplo

En una empresa del sector logístico, la comisión responsable del protocolo está compuesta por dos personas designadas por la dirección, una representante sindical y una experta externa en igualdad. La presencia externa aporta neutralidad y perspectiva técnica, fortaleciendo la confianza de la plantilla en el procedimiento.

La difusión del protocolo es una etapa esencial de su implementación. La falta de información o de accesibilidad puede convertir el documento en un instrumento ineficaz.

Algunas estrategias recomendadas son:

- Publicar el protocolo en la intranet corporativa, con una versión descargable y un resumen explicativo.
- Realizar sesiones informativas presenciales o virtuales para explicar los pasos del procedimiento.
- Incorporar su contenido en el manual de acogida para nuevas incorporaciones.
- Utilizar materiales visuales inclusivos y lenguaje no sexista.
- Promover campañas anuales de sensibilización bajo lemas institucionales (por ejemplo, "En esta empresa, el respeto no se negocia").

 **Ejemplo**

Una entidad pública lanza cada marzo una campaña con el lema "#TrabajamosConRespeto", acompañada de vídeos cortos con testimonios de personal diverso. Esta acción no solo recuerda la existencia del protocolo, sino que refuerza la imagen de una institución comprometida con la igualdad.

Una vez implementado, el protocolo debe poder activarse de manera efectiva ante cualquier sospecha, denuncia o situación de acoso.

Fig. 5. El procedimiento operativo suele seguir un esquema secuencial

Sus fases principales son las siguientes:

1. **Recepción de la denuncia o comunicación.** La persona afectada o cualquier testigo puede presentar la denuncia por escrito, verbalmente o a través del canal designado.
2. **Admisión a trámite.** La comisión responsable evalúa si los hechos relatados encajan en la definición de acoso. En caso contrario, se deriva la situación a otros mecanismos (por ejemplo, mediación).
3. **Medidas cautelares.** Si existen indicios razonables de acoso, pueden adoptarse medidas de protección temporales: cambio de puesto, horarios o suspensión de contacto entre las partes.
4. **Investigación formal.** Se recaban pruebas, se realizan entrevistas y se elabora un informe con conclusiones y recomendaciones.
5. **Resolución y comunicación de medidas.** La dirección adopta decisiones disciplinarias o preventivas y comunica la resolución a las partes.
6. **Seguimiento posterior.** Se supervisa el cumplimiento de las medidas y se evalúa el clima laboral.

Recuerda

Este proceso debe ser ágil y humanizado. No se trata de un procedimiento burocrático, sino de una actuación que afecta al bienestar y la dignidad de las personas. La empatía, el respeto y la neutralidad son imprescindibles en cada paso.

Para garantizar que el protocolo funcione correctamente, la organización debe cumplir una serie de requisitos técnicos y organizativos.

Entre ellos destacan los siguientes:

- **Confidencialidad de la información:** toda la documentación se custodiará en archivos restringidos, físicos o digitales, con acceso limitado al personal autorizado.
- **Trazabilidad documental:** se mantendrá un registro interno de las actuaciones realizadas, fechas y responsables, garantizando la integridad de la información.

- **Protección de datos personales:** el tratamiento de información deberá cumplir el Reglamento (UE) 2016/679 (RGPD) y la Ley Orgánica 3/2018 de Protección de Datos Personales y garantía de los derechos digitales.
- **Formación continua del personal responsable:** las personas que gestionen el protocolo deben actualizar sus conocimientos en legislación, igualdad y psicología del trabajo.
- **Evaluación de los riesgos derivados:** el Servicio de Prevención debe analizar los factores psicosociales implicados y proponer medidas de mejora.

Muchas empresas optan por crear un canal de denuncias digital cifrado. Este medio permite garantizar anonimato inicial, registro automático y trazabilidad, en cumplimiento del artículo 31 bis del Código Penal sobre responsabilidad penal de las personas jurídicas.

La ejecución del protocolo debe integrarse con el resto de los instrumentos de gestión interna. Esta coordinación evita duplicidades y refuerza la coherencia organizacional.

Las principales áreas de conexión son:

1. **Prevención de riesgos laborales:** el protocolo se relaciona con la gestión de riesgos psicosociales y la promoción de entornos saludables.
2. **Plan de Igualdad:** en empresas obligadas, el protocolo forma parte del bloque de medidas para prevenir el acoso sexual y por razón de sexo.
3. **Código ético o de conducta:** los valores expresados en el protocolo deben estar reflejados en la cultura corporativa y las normas internas de comportamiento.
4. **Compliance y canales de denuncia interna:** la ley sobre protección de las personas que informen sobre infracciones (Ley 2/2023) exige coherencia entre estos canales y los protocolos de acoso.
5. **Plan de formación y desarrollo profesional:** se debe incluir la prevención del acoso como competencia transversal para todas las personas trabajadoras.

Ejemplo

Una multinacional del sector industrial ha unificado su protocolo de acoso con el canal interno de denuncias de su sistema de *compliance*. Así, todas las comunicaciones se centralizan en una plataforma digital común, gestionada con criterios éticos y técnicos, mejorando la trazabilidad y la transparencia.

Durante la ejecución del protocolo, es esencial establecer mecanismos de **seguimiento operativo** que aseguren su cumplimiento y mejoren la eficacia de la intervención.

Algunas medidas de seguimiento pueden ser:

- **Reuniones periódicas** de la comisión responsable para revisar casos abiertos y nuevos indicios.
- **Informes trimestrales o semestrales** sobre denuncias recibidas, resoluciones y tiempos de respuesta (respetando la confidencialidad).
- **Encuestas internas** para evaluar la percepción del personal sobre la eficacia y confianza en el protocolo.
- **Auditorías internas** o externas cada cierto tiempo para verificar la calidad del procedimiento.

Ejemplo

Un ayuntamiento incorpora un sistema de control interno mediante auditorías bianuales de igualdad y acoso, en las que se revisan procedimientos, entrevistas y la percepción del clima laboral. Los resultados se publican de forma agregada en su informe de transparencia institucional.

Durante la puesta en práctica del protocolo, pueden surgir **dificultades operativas o resistencias culturales** que obstaculicen su correcta aplicación.

Entre los obstáculos más frecuentes se encuentran:

Obstáculo detectado	Consecuencia	Estrategia de superación
Falta de formación del personal directivo	Aplicación incorrecta o pasividad ante el acoso	Programas de capacitación obligatoria anual
Temor a represalias por parte de las víctimas	Baja tasa de denuncias	Garantizar anonimato y comunicación empática
Minimización del problema por parte de la dirección	Pérdida de credibilidad del protocolo	Incorporar objetivos de igualdad en la estrategia corporativa
Exceso de burocracia en el procedimiento	Desmotivación y lentitud	Simplificar formularios y plazos
Carencia de recursos técnicos	Incoherencia en la ejecución	Dotar presupuesto específico y apoyo externo

Para superar las resistencias internas, la dirección debe ejercer un **liderazgo visible** y coherente. Las acciones simbólicas —como difundir mensajes institucionales o compartir resultados positivos— refuerzan la confianza en la política de tolerancia cero.

La ejecución del protocolo culmina con la **evaluación de resultados y la comunicación de aprendizajes**. Esta fase permite que la organización avance hacia una cultura preventiva más madura y participativa.

Los principales productos de esta fase son:

- **Informe anual de ejecución**, con datos globales (sin identificación de personas).
- **Recomendaciones para el próximo periodo**, derivadas de las incidencias observadas.
- **Integración de mejoras** en la formación, liderazgo o clima organizacional.
- **Reconocimiento institucional** de buenas prácticas internas.

Ejemplo

Una empresa del sector tecnológico elabora un informe de resultados del protocolo y, a partir de él, diseña un Plan de Cultura del Respeto 2025, con acciones de *mentoring*, talleres sobre lenguaje inclusivo y medidas para reducir sesgos inconscientes. El protocolo deja de ser una herramienta reactiva para convertirse en un eje estratégico de transformación organizacional.

Finalmente, la sostenibilidad del protocolo depende de que su ejecución se base en una serie de **claves prácticas**, que garanticen su permanencia en el tiempo:

1. **Apoyo institucional continuo**, no vinculado a una persona concreta sino al compromiso organizativo.
2. **Actualización normativa y técnica**, adaptando el protocolo a cada reforma legislativa o cambio social.
3. **Gestión emocional de los procesos**, ofreciendo apoyo psicológico y evitando la revictimización.
4. **Comunicación clara y empática**, con mensajes inclusivos y sin lenguaje técnico excesivo.
5. **Evaluación anual participativa**, con implicación de toda la estructura laboral.

Recuerda

Un protocolo solo es efectivo si se vive dentro de la organización. Su ejecución debe ser coherente con los valores declarados, con un enfoque de cuidado mutuo, justicia restaurativa y corresponsabilidad colectiva.

En síntesis, la **implementación y ejecución del protocolo** constituyen el momento decisivo en el que los compromisos éticos se traducen en acciones concretas. Un protocolo activo no solo protege a las personas trabajadoras, sino que fortalece la cultura del respeto, la confianza institucional y la salud organizacional, pilares esenciales de cualquier empresa moderna y socialmente responsable.

5. Promoción y participación activa en la ejecución del protocolo de prevención del acoso de la empresa

La **promoción y la participación activa** son componentes imprescindibles para que el protocolo de prevención del acoso no quede relegado a un documento formal o a una obligación normativa. Un protocolo solo cobra sentido cuando se **internaliza en la** cultura organizativa y se convierte en una herramienta viva, reconocida, utilizada y respaldada por todas las personas que forman parte de la entidad.

Por tanto, la empresa debe fomentar un entorno donde la información fluya, la sensibilización sea constante y la implicación sea colectiva.

Fig. 6. La corresponsabilidad transforma el protocolo en una expresión práctica de los valores de respeto, igualdad, diversidad y justicia laboral

La participación activa implica la colaboración real, consciente y continuada de todas las personas de la organización en las distintas fases del protocolo: desde su diseño y difusión hasta su aplicación y mejora.

No se trata únicamente de intervenir cuando surgen casos de acoso, sino de contribuir permanentemente a construir entornos laborales seguros y respetuosos. La participación supone también una forma de empoderamiento colectivo, en la que cada persona asume un papel en la prevención del acoso, sin delegar toda la responsabilidad en la dirección o en los departamentos de recursos humanos.

Anotación

El éxito del protocolo depende más de la implicación cultural que de la complejidad jurídica del documento. La empresa puede tener un texto impecable, pero si la plantilla lo percibe como algo ajeno o inaccesible, su efectividad se verá anulada.

La promoción del protocolo consiste en visibilizar su existencia, contenido y utilidad, asegurando que todas las personas lo conozcan, comprendan y sepan cómo aplicarlo. Para ello, la dirección debe asumir una función activa de liderazgo ético y comunicativo.

Las estrategias de promoción institucional más efectivas son las siguientes:

- **Declaraciones públicas de compromiso.** La empresa debe difundir mensajes institucionales claros y reiterados sobre su política de **tolerancia cero frente al acoso**. Estos mensajes pueden incluirse en memorias anuales, webs corporativas, códigos éticos o campañas internas.
- **Campañas internas permanentes.** Es recomendable lanzar campañas anuales o semestrales de visibilización, coincidiendo con fechas simbólicas (por ejemplo, el 25 de noviembre —Día Internacional para la Eliminación de la Violencia contra las Mujeres— o el 8 de marzo).
- **Presencia del protocolo en todos los canales corporativos.** El documento debe estar disponible en la intranet, tablones, manuales de acogida y comunicación digital interna.
- **Mensajes de liderazgo ejemplar.** Las personas directivas deben actuar como modelos de conducta y promover activamente el respeto en las relaciones laborales.

Ejemplo

En una empresa de servicios energéticos, cada inicio de año se celebra la jornada "Respeto y convivencia", en la que la dirección presenta los resultados del protocolo y reafirma el compromiso corporativo frente al acoso. Esta comunicación constante refuerza la confianza de la plantilla en la seriedad del sistema.

Para que la participación sea efectiva, la empresa debe habilitar **canales concretos y accesibles** de implicación. Estos canales pueden clasificarse según su naturaleza:

- **Canales formales:**
  - o Participación en la **Comisión de Igualdad o Comisión de Prevención del Acoso**, donde se analizan las denuncias y se elaboran propuestas de mejora.
  - o Intervención en **encuestas internas** o procesos de diagnóstico de clima laboral.
  - o Aportación de sugerencias o incidencias a través de buzones o formularios confidenciales.

- **Canales informales o participativos:**
  - o Espacios de diálogo, talleres, grupos focales o dinámicas de reflexión.
  - o Actividades de *team building* centradas en la convivencia y el respeto mutuo.
  - o Promoción de redes de personas de referencia o "embajadoras del respeto" dentro de cada departamento.

Ejemplo

Una fundación cultural crea un "equipo de convivencia laboral", formado por personas de distintas áreas que actúan como interlocutoras informales para detectar tensiones, escuchar inquietudes y derivarlas, si procede, al canal oficial del protocolo. Esta figura preventiva reduce la escalada de conflictos y promueve la comunicación horizontal.

La **representación legal de las personas trabajadoras** —delegaciones sindicales o comités de empresa— desempeña un papel esencial en la promoción y ejecución del protocolo. Su implicación garantiza que el sistema sea equilibrado, transparente y confiable.

Las funciones más relevantes de este colectivo incluyen:

1. **Colaborar en la elaboración y revisión periódica del protocolo.** Aporta una visión cercana a la plantilla y ayuda a identificar necesidades o puntos débiles del sistema.
2. **Velar por la imparcialidad del procedimiento.** Participa en la designación de las personas que integrarán la comisión de investigación.
3. **Acompañar a las personas trabajadoras afectadas.** Facilita orientación, asesoramiento y apoyo emocional durante el proceso.
4. **Promover formación y sensibilización.** Organiza actividades conjuntas con la empresa o de manera independiente para difundir los derechos de la plantilla.

Fig. 7. La participación sindical no implica confrontación, sino colaboración corresponsable. Cuando el diálogo social se orienta al bienestar colectivo, el protocolo gana legitimidad y eficacia

La **formación continua** constituye una de las formas más potentes de participación activa. No solo sensibiliza, sino que también otorga herramientas para prevenir, identificar y actuar ante conductas inapropiadas.

Los programas formativos deben dirigirse a distintos niveles:

Colectivo destinatario	Objetivos de la formación	Ejemplos de contenidos
Personal directivo y mandos intermedios	Liderar con perspectiva ética e igualitaria	Comunicación respetuosa, liderazgo inclusivo, gestión emocional de equipos
Personal técnico de RR. HH. y prevención	Gestionar denuncias y aplicar medidas	Confidencialidad, normativa, acompañamiento psicológico
Toda la plantilla	Reconocer y prevenir el acoso	Tipos de acoso, derechos y deberes, uso de canales seguros
Representación sindical	Acompañar e informar	Legislación, apoyo a la persona afectada, mediación preventiva

La comunicación juega un papel decisivo en la participación. Un protocolo desconocido o percibido como inaccesible resulta inefectivo. Por ello, la empresa debe adoptar un modelo de comunicación participativa, basado en los siguientes principios:

1. **Transparencia:** informar de forma regular sobre las medidas adoptadas, sin vulnerar la confidencialidad.
2. **Claridad:** emplear un lenguaje comprensible, libre de tecnicismos.
3. **Proximidad:** adaptar los canales a la realidad de cada equipo (presencial, remoto o híbrido).
4. **Diversidad:** incluir materiales visuales y ejemplos que representen distintas identidades, edades, nacionalidades o capacidades.
5. **Retroalimentación:** permitir que las personas trabajadoras expresen sus opiniones sobre el funcionamiento del protocolo.

 Ejemplo

Una empresa tecnológica lanza un boletín trimestral interno titulado "Entornos seguros", en el que se comparten datos generales sobre la aplicación del protocolo, testimonios anónimos de superación y recordatorios sobre cómo acceder a los canales de comunicación. Esta transparencia incrementa la confianza y el sentido de pertenencia.

La **corresponsabilidad** es el núcleo de la participación activa. Implica que todas las personas —sin excepción— son responsables de mantener un entorno libre de acoso. No basta con evitar conductas inadecuadas; es necesario **intervenir de forma ética y solidaria** cuando se presencie una situación irregular.

Entre las conductas de corresponsabilidad se incluyen:

- No ignorar actitudes humillantes, vejatorias o discriminatorias.
- Ofrecer apoyo y escucha a las personas afectadas.
- Comunicar hechos sospechosos a los canales habilitados.
- Promover el respeto en los espacios de trabajo y comunicación digital.

Fomentar la corresponsabilidad requiere reforzar la idea de que **el silencio también tiene consecuencias**. Callar ante el acoso contribuye a perpetuarlo. Por ello, el protocolo debe destacar la figura de la persona testigo como un actor clave en la prevención.

La empresa debe evaluar periódicamente el grado de implicación de la plantilla en la promoción del protocolo.

Algunos indicadores útiles para medir la participación son los siguientes:

Aspecto evaluado	Indicador de participación	Método de seguimiento
Difusión del protocolo	% de personas que declaran conocerlo	Encuestas anuales de clima laboral
Formación	% de plantilla formada en el último año	Registro de asistencia a cursos
Comunicación interna	Frecuencia y alcance de campañas de sensibilización	Auditorías internas
Implicación sindical	Número de actividades conjuntas empresa-sindicatos	Informes de coordinación
Percepción de confianza	Nivel de satisfacción con los canales de denuncia	Evaluaciones anónimas

 Ejemplo

Una universidad realiza cada año una encuesta de percepción de clima laboral e igualdad. En la última edición, un 92 % del personal afirmó conocer el protocolo y un 87 % consideró que la institución actuaba con firmeza ante los casos de acoso. Estas cifras reflejan el impacto de la participación activa y la transparencia institucional.

La experiencia en distintas organizaciones demuestra que existen **buenas prácticas** que potencian la participación real y el sentido de compromiso colectivo.

Algunas de ellas son:

- **Incorporar el protocolo en la evaluación del desempeño.** Valorar la conducta ética y el respeto como competencias profesionales.
- **Reconocer públicamente a las áreas o equipos ejemplares.** Promover premios o menciones internas a las buenas prácticas de convivencia.
- **Crear una figura de "agente de respeto".** Persona de referencia que facilita el diálogo y la detección temprana de problemas.
- **Establecer espacios de reflexión conjunta.** Jornadas o cafés laborales donde se debaten dilemas éticos o casos hipotéticos.
- **Integrar la perspectiva inclusiva en la comunicación.** Uso de lenguaje inclusivo, imágenes diversas y representativas.

Ejemplo

En una ONG internacional, el programa "Embajadores del respeto" forma a personas voluntarias para actuar como referentes en la aplicación del protocolo. Gracias a esta red, el tiempo medio de respuesta ante incidencias se redujo un 40 % y se multiplicaron las denuncias por canales internos, reflejo de la confianza generada.

La implicación de toda la organización genera beneficios tanto **individuales** como **colectivos**. Entre los más significativos se encuentran:

- Prevención eficaz de conflictos y reducción de los casos de acoso.
- Mayor cohesión y sentido de pertenencia entre el personal.
- Refuerzo de la reputación corporativa como empresa ética y responsable.
- Cumplimiento normativo sólido y reducción de riesgos legales.
- Mejora del clima laboral y del bienestar psicosocial.
- Incremento de la productividad y la retención del talento.

Recuerda

La promoción del protocolo no debe concebirse como un gasto, sino como una inversión estratégica en la sostenibilidad humana y social de la empresa. Una cultura libre de acoso fortalece tanto la ética interna como la competitividad externa.

6. Evaluación periódica del protocolo. Adaptaciones y mejoras según los resultados obtenidos

La **evaluación periódica del protocolo de prevención del acoso** es un proceso indispensable para garantizar su eficacia, coherencia y adecuación a la realidad social y organizativa.

Fig. 8. El protocolo no debe considerarse un documento cerrado, sino una herramienta dinámica, sujeta a revisión, actualización y mejora continua

La evaluación permite conocer cómo se aplica en la práctica, qué resultados genera, qué dificultades surgen y qué medidas pueden optimizarse. Además, cumple una función estratégica: transformar la experiencia en conocimiento y aprendizaje organizativo, reforzando la cultura del respeto y la igualdad en el entorno laboral.

La evaluación tiene como objetivo fundamental valorar la eficacia real del protocolo, no solo en términos de cumplimiento formal, sino de impacto ético, social y psicológico dentro de la organización.

Sus finalidades específicas son las que siguen:

1. **Comprobar el grado de aplicación y cumplimiento** de las medidas previstas.
2. **Identificar dificultades operativas o resistencias internas** que impidan su correcta ejecución.
3. **Analizar el nivel de conocimiento y confianza** que la plantilla tiene respecto al protocolo.
4. **Evaluar la efectividad de las acciones preventivas y formativas.**
5. **Medir los resultados obtenidos** (número de denuncias, tiempos de respuesta, satisfacción, reincidencias, etc.).
6. **Proponer acciones de mejora y actualización normativa.**

Anotación

La evaluación no debe entenderse como un proceso de control punitivo, sino como un instrumento de aprendizaje organizativo. Su propósito es mejorar el sistema y reforzar la prevención, no señalar culpables.

Según el momento y el propósito con que se realice, la evaluación puede adoptar distintas modalidades.

Las más habituales son las siguientes:

Tipo de evaluación	Momento de aplicación	Objetivo principal
Evaluación inicial o diagnóstica	Antes de la aplicación del protocolo	Analizar el punto de partida: clima laboral, grado de sensibilización y recursos disponibles.
Evaluación intermedia o de proceso	Durante la ejecución	Detectar dificultades o desviaciones en la aplicación del protocolo.
Evaluación final o de resultados	Una vez completado un ciclo de aplicación (anual, bienal)	Medir el impacto y la eficacia del protocolo en términos de prevención, intervención y satisfacción.
Evaluación de impacto a largo plazo	Tras varios años de funcionamiento	Determinar si el protocolo ha generado cambios estructurales en la cultura organizativa.

Ejemplo

Una empresa de ingeniería realiza evaluaciones anuales de resultados y, cada tres años, una evaluación de impacto, comparando indicadores de clima laboral, percepción de justicia organizacional y tasa de denuncias. El análisis longitudinal permite comprobar si el protocolo está logrando cambios sostenibles.

Para que la evaluación sea rigurosa, deben definirse **criterios de calidad**, entendidos como los estándares que permiten juzgar si el protocolo cumple su función de manera adecuada.

Los principales criterios son los que siguen:

1. **Eficacia preventiva:** reducción de las conductas de riesgo, aumento de la sensibilización y mejora del clima laboral.
2. **Accesibilidad:** facilidad para conocer, comprender y utilizar el protocolo.
3. **Confidencialidad:** cumplimiento estricto de la protección de datos y reserva de la información.
4. **Celeridad:** rapidez en la tramitación de los casos y resolución de conflictos.
5. **Equidad y objetividad:** percepción de imparcialidad por parte de las personas implicadas.
6. **Coherencia institucional:** integración del protocolo en los valores y políticas globales de la empresa.
7. **Satisfacción de las personas usuarias:** valoración de la atención, acompañamiento y apoyo recibido.
8. **Mejora continua:** existencia de mecanismos de revisión y actualización.

Ejemplo

Una cooperativa educativa utiliza un cuestionario anónimo para valorar estos criterios. El 95 % de las personas encuestadas afirma conocer el protocolo, pero solo el 70 % confía plenamente en su imparcialidad. El resultado impulsa la creación de una figura externa independiente en las investigaciones.

Los **indicadores** son herramientas que permiten medir de manera objetiva y comparativa los avances en la aplicación del protocolo. Pueden clasificarse en cuantitativos (numéricos) y cualitativos (perceptivos o descriptivos).

A continuación, se muestran algunos ejemplos de indicadores útiles:

Dimensión evaluada	Indicadores cuantitativos	Indicadores cualitativos
Aplicación del protocolo	Nº de denuncias registradas por año; tiempos medios de resolución; nº de formaciones realizadas	Percepción de eficacia y confianza en el proceso
Prevención y sensibilización	Nº de campañas o talleres realizados; tasa de participación	Nivel de conocimiento sobre el protocolo y la igualdad
Clima laboral	Descenso de conflictos repetitivos o quejas	Opinión del personal sobre el respeto en el entorno de trabajo
Accesibilidad	Nº de visitas al portal interno del protocolo	Evaluación de la claridad del lenguaje y comprensión del procedimiento
Satisfacción de las personas usuarias	Porcentaje de valoraciones positivas en encuestas posteriores a un caso	Testimonios o sugerencias de mejora recibidas
Mejora continua	Nº de modificaciones o adaptaciones del protocolo realizadas	Grado de implicación en las revisiones anuales

Anotación

Los indicadores deben adaptarse al tamaño y tipo de organización. Una pequeña empresa puede centrarse en 5 o 6 indicadores clave, mientras que una gran corporación puede manejar sistemas de análisis más complejos o integrados en cuadros de mando (dashboards) de igualdad.

La evaluación del protocolo debe seguir un **proceso planificado y estructurado**, que garantice la objetividad de los resultados y la participación de las distintas partes.

Sus principales fases son las siguientes:

1. **Planificación de la evaluación.** Se definen los objetivos, criterios, indicadores y responsables del proceso.
2. **Recogida de información.** Incluye la revisión de registros internos, entrevistas, encuestas de clima laboral, análisis de informes y reuniones con la comisión responsable.

3. **Análisis de la información.** Se interpretan los datos obtenidos, se identifican patrones y se detectan áreas de mejora.

4. **Elaboración del informe de evaluación.** El documento debe reflejar resultados, conclusiones y recomendaciones, respetando la confidencialidad de los casos.

5. **Presentación y debate del informe.** Los resultados se comunican a la dirección, a la representación legal de las personas trabajadoras y, en formato agregado, a toda la plantilla.

6. **Diseño de un plan de mejora.** A partir de las conclusiones, se proponen acciones correctivas o preventivas, estableciendo responsables, plazos y recursos.

Ejemplo

Una empresa del sector tecnológico, tras analizar su informe de evaluación, detecta que las personas en modalidad de teletrabajo no conocen bien los canales de denuncia. Como medida de mejora, crea un formulario anónimo en línea y organiza sesiones informativas específicas para personal remoto.

La evaluación debe ser participativa y multidisciplinar. Los principales agentes que intervienen en el proceso son:

- **Dirección o gerencia:** impulsa la evaluación, aprueba los planes de mejora y garantiza recursos.

- **Comisión de prevención o comisión de acoso:** coordina la recogida de información y el seguimiento de indicadores.

- **Representación legal de las personas trabajadoras:** participa en la revisión y validación del informe, aportando perspectiva sindical.

- **Servicios de prevención y área de igualdad:** analizan los resultados desde la perspectiva psicosocial y de género.

- **Personas externas expertas:** en organizaciones de mayor tamaño, se recomienda incluir una consultoría o auditoría externa para reforzar la imparcialidad.

La participación de agentes externos puede aportar objetividad y confidencialidad, especialmente en organizaciones donde la jerarquía o la cultura interna dificultan la comunicación abierta.

Una vez concluida la evaluación, los resultados deben traducirse en acciones concretas de mejora y actualización.

Las adaptaciones más frecuentes son las siguientes:

1. **Actualización normativa:** incorporar reformas legales o nuevas obligaciones derivadas de la legislación sobre igualdad, acoso o canales de información.
2. **Mejoras en la estructura organizativa:** redefinir roles, ampliar la comisión responsable o ajustar los plazos de actuación.
3. **Optimización de los canales de comunicación:** reforzar la confidencialidad o digitalizar los procedimientos de denuncia.
4. **Revisión del lenguaje del protocolo:** adaptar la redacción a un lenguaje más claro, inclusivo y comprensible.
5. **Ampliación de la formación:** incluir módulos sobre acoso digital, micromachismos o discriminación interseccional.
6. **Incorporación de nuevas medidas preventivas:** talleres, campañas o evaluaciones psicosociales específicas.

Ejemplo

Una compañía industrial revisa su protocolo tras detectar que el 40 % del personal desconoce las formas de acoso digital. Como adaptación, incorpora un anexo específico sobre ciberacoso laboral y actualiza la formación anual con simulaciones sobre comunicación virtual respetuosa.

La transparencia en la comunicación de resultados es un factor de credibilidad. La empresa debe difundir, de forma agregada y sin vulnerar la confidencialidad, los principales logros y mejoras del protocolo.

Las acciones recomendadas incluyen:

- Publicar un **resumen anual** en la intranet o boletines internos.
- Compartir las principales conclusiones en reuniones de equipos o jornadas institucionales.
- Reconocer públicamente las **buenas prácticas** o iniciativas destacadas surgidas del proceso.
- Invitar a la plantilla a proponer nuevas ideas o enfoques preventivos.

Ejemplo

Una empresa pública presenta cada año su Informe de Igualdad y Prevención del Acoso, en el que incluye un apartado titulado "Lo que hemos mejorado este año". Este ejercicio de rendición de cuentas fortalece la confianza interna y proyecta transparencia hacia la ciudadanía.

La **mejora continua** debe entenderse como un principio transversal del protocolo.

Fig. 9. Cada evaluación representa una oportunidad para aprender, ajustar y evolucionar hacia una cultura más respetuosa e inclusiva

Entre las estrategias más eficaces para fomentar la mejora continua se encuentran:

1. **Revisiones periódicas automáticas** (al menos cada dos años).
2. **Análisis de tendencias** en los resultados de las evaluaciones previas.
3. **Integración del aprendizaje en los planes formativos** de igualdad y liderazgo ético.
4. **Espacios de reflexión organizacional**, donde se debatan los retos y buenas prácticas en materia de convivencia.

5. **Incorporación de la innovación tecnológica**, como plataformas de seguimiento o inteligencia analítica para el monitoreo de indicadores.

 Anotación

Un protocolo actualizado refleja una organización viva, capaz de adaptarse a los cambios sociales, tecnológicos y culturales. La mejora continua debe formar parte de la identidad institucional, igual que la calidad o la sostenibilidad.

La evaluación periódica del protocolo no es un cierre del ciclo, sino una garantía de compromiso permanente. Permite consolidar la confianza, legitimar la actuación institucional y demostrar que la organización no solo cumple con la ley, sino que asume la responsabilidad ética de proteger la dignidad de todas las personas que forman parte de ella.

Un protocolo evaluado, revisado y mejorado de forma constante constituye la base de una empresa justa, saludable y sostenible, donde la prevención del acoso se integra en la cultura corporativa como un principio innegociable.

 Ejemplo

En una compañía de telecomunicaciones, el protocolo se revisa cada año mediante un proceso participativo en el que intervienen dirección, plantilla y consultoría externa. Gracias a esta dinámica de revisión y aprendizaje, la organización ha logrado reducir los casos de acoso documentados, mejorar su clima laboral y obtener reconocimientos públicos por su política de igualdad.

Resumen

El protocolo frente al acoso laboral, sexual y/o por razón de sexo constituye una herramienta esencial dentro de la gestión ética y preventiva de las organizaciones. No se trata solo de un requisito legal, sino de una manifestación del compromiso institucional con la dignidad, la igualdad y el respeto mutuo en el entorno de trabajo. Su objetivo principal es prevenir, detectar, investigar y corregir las conductas que vulneren los derechos fundamentales de las personas, asegurando entornos laborales seguros, saludables y libres de cualquier forma de violencia o discriminación.

Este tipo de protocolos posee una doble naturaleza: preventiva y reactiva. En su dimensión preventiva, busca anticipar los riesgos mediante la sensibilización, la formación y la promoción de la comunicación respetuosa. En su vertiente reactiva, establece los procedimientos formales para tramitar denuncias, realizar investigaciones y aplicar medidas correctivas. Su aplicación abarca a todas las personas vinculadas con la empresa, incluyendo personal fijo o temporal, en prácticas, subcontratado o en formación, así como a terceras personas que interactúan en el entorno laboral, como clientela o proveedores.

La implementación del protocolo debe basarse en una serie de principios rectores: la confidencialidad, la imparcialidad, la celeridad, la protección frente a represalias, la igualdad de trato y la perspectiva de género. Estos principios garantizan que todo el proceso —desde la denuncia hasta la resolución— se desarrolle con respeto, sensibilidad y justicia. Junto a ellos, se añade el principio de tolerancia cero frente a cualquier forma de acoso, que debe reflejarse explícitamente en la cultura organizativa y en las declaraciones institucionales de la empresa.

El protocolo se estructura en etapas sucesivas que aseguran un tratamiento ordenado y coherente de las situaciones. La primera etapa es la prevención y sensibilización, que promueve la información y la formación en igualdad y convivencia. La segunda, la detección y comunicación, permite canalizar las quejas o denuncias a través de medios accesibles y confidenciales. Posteriormente, se desarrolla la investigación, en la que una comisión o persona responsable analiza los hechos y emite un informe con conclusiones.

A continuación, la resolución concreta las medidas correctivas o sancionadoras necesarias, seguidas por una fase de seguimiento que evalúa la efectividad de las acciones adoptadas y el bienestar de las personas implicadas. Finalmente, se lleva a cabo una evaluación global del protocolo, con el fin de revisar su funcionamiento y promover la mejora continua.

La implementación y ejecución práctica del protocolo requiere una planificación sólida y la implicación de distintos agentes: dirección, recursos humanos, servicios de prevención, área de igualdad y representación legal de las personas trabajadoras. Todos ellos deben actuar coordinadamente, garantizando recursos suficientes, formación específica y un liderazgo ético visible. La difusión interna es un elemento clave para que el personal conozca sus derechos, las vías de denuncia y los compromisos de la empresa en materia de igualdad y convivencia.

La promoción y la participación activa son componentes imprescindibles para consolidar la eficacia del protocolo. La participación de toda la plantilla —junto con el acompañamiento sindical y la colaboración de las comisiones de igualdad— refuerza la transparencia y la confianza en el sistema. Asimismo, la formación continua y las campañas de sensibilización permiten transformar el protocolo en una herramienta cotidiana de prevención, más allá de los casos concretos. La corresponsabilidad colectiva es, por tanto, la base de una cultura laboral en la que el respeto y la diversidad se asumen como valores compartidos.

Por último, la evaluación periódica del protocolo garantiza su vigencia y mejora constante. Este proceso permite medir el nivel de cumplimiento, detectar debilidades y proponer adaptaciones conforme a los resultados obtenidos. La revisión continua —basada en indicadores cuantitativos y cualitativos— favorece la actualización normativa, la incorporación de nuevas medidas preventivas y la mejora del clima laboral. La transparencia en la comunicación de los resultados y la participación de todas las partes interesadas consolidan una política de mejora continua, donde la prevención del acoso deja de ser una obligación formal para convertirse en un compromiso ético y estratégico de toda la organización.

Glosario

Ámbito de aplicación del protocolo

Conjunto de personas, espacios y situaciones en los que el protocolo resulta aplicable. Incluye a todas las personas trabajadoras, personal externo, alumnado en prácticas y cualquier persona vinculada al entorno laboral, tanto en espacios físicos como digitales.

Canal de denuncia

Mecanismo formal o digital habilitado por la empresa para comunicar situaciones de acoso o conductas inapropiadas, garantizando la confidencialidad, la protección de datos y la ausencia de represalias.

Comisión de prevención o comisión de acoso

Órgano paritario responsable de aplicar el protocolo, investigar los hechos denunciados y proponer medidas preventivas o correctivas, actuando siempre con imparcialidad y confidencialidad.

Confidencialidad

Principio fundamental del protocolo que garantiza la protección de la identidad, los datos personales y la información de todas las personas implicadas en una investigación o denuncia de acoso.

Corresponsabilidad

Principio según el cual todas las personas de la organización, sin distinción jerárquica, comparten la obligación de mantener un entorno de trabajo libre de acoso y de actuar ante la detección de conductas inadecuadas.

Denuncia formal

Comunicación por escrito o verbal que activa el procedimiento establecido en el protocolo para la investigación de un caso de acoso. Debe presentarse a través de los canales designados y con respeto a la confidencialidad.

Evaluación del protocolo

Proceso sistemático destinado a medir la eficacia del protocolo, identificar áreas de mejora, analizar el cumplimiento de sus objetivos y garantizar su actualización conforme a los cambios normativos y organizativos.

Imparcialidad

Principio ético y jurídico que exige que las personas encargadas de gestionar e investigar los casos de acoso actúen sin prejuicios, sin conflicto de intereses y basándose únicamente en los hechos comprobados.

Medidas cautelares

Actuaciones temporales adoptadas durante la investigación de un caso con el fin de proteger a las personas implicadas y evitar daños adicionales, como la separación de espacios, el cambio de turno o la reubicación temporal.

Mejora continua

Proceso permanente de revisión, aprendizaje y perfeccionamiento del protocolo, basado en los resultados de las evaluaciones periódicas y en la experiencia práctica de la organización.

Participación activa

Involucración consciente y sostenida de la plantilla en la prevención, detección y erradicación del acoso. Incluye la asistencia a formaciones, la colaboración en campañas y la implicación en procesos de comunicación y mejora.

Perspectiva de género

Enfoque analítico que permite identificar, cuestionar y corregir las desigualdades derivadas de las diferencias entre mujeres y hombres, así como entre diversas identidades de género, aplicándose en la elaboración y ejecución del protocolo.

Prevención

Conjunto de acciones destinadas a evitar la aparición de conductas de acoso mediante la sensibilización, la formación, la comunicación inclusiva y la promoción de valores de respeto y convivencia.

Protocolo frente al acoso

Documento formal que establece los procedimientos de prevención, denuncia, investigación y resolución de los casos de acoso en el ámbito laboral, garantizando los derechos de todas las personas implicadas.

Seguimiento

Fase posterior a la resolución de un caso que tiene como finalidad verificar el cumplimiento de las medidas adoptadas, evitar represalias y asegurar la restauración del bienestar y la convivencia en el entorno laboral.

Tolerancia cero

Principio institucional según el cual ninguna forma de acoso, discriminación o violencia es aceptable o justificable. Implica una respuesta firme, inmediata y coherente ante cualquier conducta contraria a la dignidad de las personas.

Ejercicios de autoevaluación

1. El protocolo frente al acoso laboral tiene como finalidad principal:

a. Sustituir los planes de igualdad.

b. Regular las vacaciones y ausencias del personal.

c. Prevenir, detectar y actuar ante conductas de acoso en el trabajo.

d. Servir como reglamento disciplinario general.

2. Una de las características esenciales del protocolo es:

a. Su aplicación solo a personal directivo.

b. La confidencialidad y protección de datos.

c. La confidencialidad absoluta de la información y de las partes.

d. Su vigencia indefinida sin necesidad de revisión.

3. El ámbito de aplicación del protocolo incluye:

a. Únicamente a quienes tienen contrato indefinido.

b. Solo a las personas trabajadoras del centro principal.

c. A todas las personas que mantengan algún vínculo laboral o formativo con la empresa.

d. A personal de dirección y recursos humanos.

4. El protocolo debe revisarse periódicamente con el fin de:

a. Incorporar mejoras y adaptaciones según los resultados obtenidos.

b. Reducir el número de personas implicadas.

c. Evitar su difusión.

d. Eliminar los registros antiguos.

5. Entre los principios rectores de un protocolo se encuentra:

a. La opacidad y el control jerárquico.

b. La imparcialidad y la objetividad en la investigación.

c. La priorización de los intereses empresariales.

d. La sustitución del procedimiento judicial.

6. La fase de prevención dentro del protocolo busca:

a. Imponer sanciones disciplinarias.

b. Evitar la aparición de conductas de acoso mediante sensibilización y formación.

c. Investigar denuncias.

d. Tramitar quejas formales.

7. En la etapa de investigación, la comisión responsable debe:

a. Actuar en secreto sin comunicar resultados.

b. Delegar todo el proceso en una persona externa.

c. Analizar los hechos con imparcialidad y elaborar un informe con conclusiones.

d. Resolver el caso sin escuchar a las partes.

8. La etapa de resolución del protocolo implica:

a. Adoptar medidas disciplinarias o preventivas en función de los resultados de la investigación.

b. Cerrar el caso sin comunicar la decisión.

c. Derivar automáticamente el caso a la vía judicial.

d. Publicar el nombre de las personas implicadas.

9. **La función del seguimiento tras un caso de acoso es:**

   a. Aumentar la sanción.

   b. Cerrar el expediente sin revisión.

   c. Eliminar los informes previos.

   d. Verificar que las medidas adoptadas han sido efectivas y no existen represalias.

10. **La promoción del protocolo dentro de la empresa consiste en:**

    a. Guardar el documento en la intranet sin difusión.

    b. Comunicarlo solo a mandos intermedios.

    c. Incluirlo exclusivamente en la documentación legal.

    d. Difundir su existencia y principios a toda la plantilla de forma accesible.

Aplicaciones prácticas

Aplicación práctica. 1. Identificación y actuación ante situaciones de acoso laboral

U. A. 1. Introducción al concepto de acoso

Una empresa del sector sanitario con 85 personas trabajadoras detecta un clima laboral tenso en uno de sus departamentos. Varias personas del equipo de enfermería han comenzado a manifestar malestar y estrés por el comportamiento reiterado de su supervisora directa.

Durante una evaluación psicosocial, el servicio de prevención recoge los siguientes testimonios:

- La supervisora ridiculiza en público los errores del personal y emite comentarios sarcásticos sobre su competencia.
- Algunas personas son excluidas de los turnos más favorables y de las reuniones de planificación.
- Se ha observado una rotación creciente y ausencias por ansiedad en ese servicio.
- No existen protocolos internos específicos de prevención ni canales confidenciales para la denuncia.

Ante esta situación, la dirección general solicita al departamento de recursos humanos y al comité de seguridad y salud un informe interno que determine si las conductas descritas pueden considerarse acoso laboral, y que proponga medidas de actuación inmediatas y preventivas.

1. Identifica las características del acoso laboral presentes en este caso según los criterios estudiados en la unidad (repetición, intencionalidad, desequilibrio de poder, afectación a la salud).

2. Distingue si se trata de un conflicto laboral o de un proceso de acoso, justificando tu respuesta.

3. Indica qué tipo de acoso se produce según la clasificación jerárquica y la naturaleza de la conducta.

4. Propón tres medidas preventivas y tres medidas de intervención que la empresa debería adoptar de forma inmediata.

Aplicación práctica. 2. Aplicación del marco legal en situaciones de acoso

U. A. 2. Marco legal normativo

Una empresa del sector logístico con 60 personas trabajadoras recibe una denuncia interna por acoso laboral. La persona denunciante, Laura, manifiesta que su encargado de almacén la humilla delante del equipo, le impone tareas que exceden su puesto y la aísla de las reuniones semanales. El comité de empresa exige a la dirección activar el protocolo de prevención del acoso, pero la empresa carece de uno formal y desconoce sus obligaciones legales.

Durante la revisión de la situación, se detecta lo siguiente:

- No existe un plan de igualdad, a pesar de que la empresa supera las 50 personas trabajadoras.
- No se han realizado evaluaciones de riesgos psicosociales desde hace más de tres años.
- No hay canales confidenciales para comunicar incidentes de acoso.
- La persona responsable de recursos humanos desconoce la Ley Orgánica 3/2007 y su obligación de incluir medidas antiacoso.

La Inspección de Trabajo solicita a la empresa documentación acreditativa del cumplimiento normativo y advierte que, en caso de incumplimiento, podrían aplicarse sanciones conforme a la Ley de Infracciones y Sanciones en el Orden Social (LISOS).

1. Identifica las leyes nacionales que se vulneran en este caso.
2. Explica por qué la empresa está obligada a tener un plan de igualdad y un protocolo de acoso.
3. Indica qué principios legales deben guiar la actuación inmediata de la empresa.
4. Propón tres medidas correctoras que garanticen el cumplimiento normativo y la protección de las personas trabajadoras.

Aplicación práctica. 3. Cumplimiento normativo en la prevención del acoso

U. A. 2. Marco legal normativo

Una empresa de consultoría quiere revisar su sistema de cumplimiento normativo para adaptarlo a las exigencias legales en materia de prevención del acoso. El departamento de RR. HH. ha preparado la siguiente tabla con los principales elementos del sistema, pero algunos campos aparecen incompletos.

Completa la tabla indicando la descripción correcta y la finalidad de cada elemento según la normativa:

Nº	Elemento del sistema de cumplimiento	Descripción (completar)	Finalidad (completar)
1	Compromiso de la dirección	Declaración formal que refleja...	Garantizar la implicación de...
2	Código ético o de conducta	Documento que recoge...	Servir como guía de...
3	Protocolos de prevención y actuación	Procedimientos internos para...	Asegurar una respuesta...
4	Canales confidenciales de comunicación	Mecanismos seguros para...	Facilitar la comunicación...
5	Formación y sensibilización	Programas periódicos que...	Promover actitudes...
6	Supervisión y auditoría	Evaluación periódica del...	Comprobar la eficacia...

Aplicación práctica. 4. Tipo de prevención

U. A. 3. Prevención del acoso en el ámbito laboral. Políticas y compromisos empresariales

En una empresa de servicios administrativos, varias personas del equipo de atención al cliente manifiestan sentirse incómodas con el trato de su responsable directo. Este suele levantar la voz en las reuniones, ridiculizar los errores y realizar comentarios como "no servís para trabajar bajo presión". Aunque no existen insultos ni amenazas directas, el ambiente se ha vuelto tenso, y el personal evita comunicarse abiertamente.

El comité de igualdad recibe la preocupación de una trabajadora y revisa el diagnóstico psicosocial del último año, que ya reflejaba niveles altos de estrés, baja confianza en la dirección y percepción de favoritismo.

Identifica qué tipo de prevención (primaria, secundaria o terciaria) debería aplicarse de forma prioritaria en esta situación y propón una medida concreta que la empresa pueda implementar para abordar el problema.

Aplicación práctica. 5. Diseño de políticas internas de prevención del acoso

U. A. 3. Prevención del acoso en el ámbito laboral. Políticas y compromisos empresariales

Una empresa del sector tecnológico está diseñando su política interna de prevención del acoso. Durante la reunión del equipo de recursos humanos, surgen distintas propuestas sobre qué elementos debe incluir el documento.

Selecciona la opción que refleja correctamente un principio rector que debe estar presente en toda política preventiva.

Opciones:

- Mantener la jerarquía como eje de control y disciplina interna.
- Priorizar la productividad por encima del bienestar emocional.
- Garantizar la tolerancia cero ante cualquier forma de acoso o discriminación.
- Establecer medidas disciplinarias solo para casos judicializados.

Aplicación práctica. 6. Activación de protocolos en empresas

U. A. 4. Protocolo y plan de actuación frente al acoso laboral, acoso sexual y/o por razón de sexo en el entorno laboral

Una empresa de limpieza con 120 personas trabajadoras recibe un correo electrónico interno en el que una empleada manifiesta sentirse incómoda por el comportamiento de su supervisor. En el mensaje, explica que desde hace semanas este le hace comentarios sobre su aspecto físico, se aproxima demasiado al hablar y, en varias ocasiones, le ha sugerido "tomar un café fuera del trabajo". La trabajadora aclara que ha rechazado esas insinuaciones y que, tras hacerlo, su jefe ha comenzado a cambiarle los turnos sin previo aviso, dificultando la conciliación con su familia.

La responsable de recursos humanos, al leer el mensaje, recuerda que la empresa aprobó recientemente su protocolo frente al acoso laboral y sexual, aunque nadie ha recibido formación específica sobre cómo aplicarlo. Ante la duda, lo comunica a la dirección general, que decide activar el protocolo formalmente y designar a la persona instructora para analizar el caso.

Durante el procedimiento:

1. Se entrevista a la trabajadora denunciante y se le ofrece acompañamiento psicológico.
2. Se cita al supervisor, quien niega los hechos y afirma que los cambios de turno obedecen a "necesidades del servicio".
3. Se toman declaraciones de tres personas testigo, dos de las cuales confirman haber observado un trato "demasiado cercano" y "comentarios inapropiados".
4. La persona instructora constata que la actuación de la empresa fue rápida, pero detecta que la plantilla desconoce el canal de denuncias y que no existe material de difusión visible sobre el protocolo.

El informe final concluye que sí hubo indicios de acoso sexual y recomienda sanción disciplinaria proporcional, junto con medidas formativas y preventivas para evitar su repetición.

¿Qué aspectos del procedimiento evidencian una correcta aplicación del protocolo y cuáles reflejan deficiencias preventivas que deberían corregirse en la organización?

Ejercicio de evaluación final

1. El acoso ascendente se produce cuando:

    a. Una persona trabajadora es acosada por un cliente.

    b. Subordinadas o subordinados hostigan a su superior.

    c. Se produce entre compañeras del mismo rango.

    d. La empresa aplica presión estructural.

2. Una diferencia entre el conflicto laboral y el acoso es que:

    a. El conflicto tiene intencionalidad dañina.

    b. El acoso es una situación puntual.

    c. El conflicto puede resolverse por diálogo; el acoso es sostenido y lesivo.

    d. Ambos implican abuso de poder.

3. Según la Ley 31/1995, el acoso se considera:

    a. Un conflicto interpersonal sin relevancia legal.

    b. Un asunto interno de recursos humanos.

    c. Un riesgo psicosocial que afecta la salud laboral.

    d. Una infracción exclusivamente penal.

4. En la evolución del acoso, el término *harcèlement* moral pertenece a:

    a. La legislación francesa.

    b. La jurisprudencia alemana.

    c. El código laboral estadounidense.

    d. La normativa sueca inicial.

5. En España, la Ley Orgánica 3/2007 obliga a las empresas a:

a. Presentar informes de productividad.

b. Publicar salarios desagregados por sexo.

c. Implantar protocolos de prevención del acoso sexual y por razón de sexo.

d. Revisar las sanciones disciplinarias anualmente.

6. El sector con mayor incidencia de acoso laboral según el INSST es:

a. Industria y construcción.

b. Sanidad y servicios sociales.

c. Transporte y logística.

d. Agricultura y pesca.

7. Según la Macroencuesta de Violencia contra la Mujer (2019), el porcentaje de mujeres que han sufrido acoso sexual en el ámbito laboral es aproximadamente:

a. 5 %.

b. 10 %.

c. 18 %.

d. 40 %.

8. Entre las consecuencias del acoso laboral se encuentran:

a. Mejora del rendimiento.

b. Estrés, ansiedad y depresión.

c. Mayor cohesión de equipo.

d. Incremento de la productividad.

9. **Una organización demuestra cultura preventiva cuando:**

   a. Ignora los conflictos hasta que se formalizan las denuncias.

   b. Traslada el problema a la víctima.

   c. Aplica sanciones sin investigación previa.

   d. Implementa políticas activas de respeto, igualdad y prevención.

10. **¿Qué artículo del Estatuto Básico del Empleado Público tipifica el acoso como falta muy grave?**

    a. Artículo 48.

    b. Artículo 95.2.b.

    c. Artículo 14.

    d. Artículo 103.

11. **¿Qué obligación específica impone la Ley Orgánica 3/2007 a las empresas con más de 50 personas trabajadoras?**

    a. Crear un comité disciplinario.

    b. Elaborar y aplicar un plan de igualdad.

    c. Designar una persona instructora.

    d. Establecer un registro de jornada.

12. **¿Qué tipo de acoso se produce cuando un grupo de subordinadas o subordinados hostiga a su superior jerárquico?**

    a. Acoso horizontal.

    b. Acoso ascendente.

    c. Acoso descendente.

    d. Acoso de sistema.

13.¿Cuál de los siguientes órganos interviene habitualmente en la gestión del acoso en la Administración Pública?

a. Comisión de reclamaciones salariales.
b. Unidad de Igualdad.
c. Comité de compras.
d. Oficina de control presupuestario.

14.¿Qué responsabilidad puede derivarse para una Administración Pública que no actúe ante una denuncia de acoso probada?

a. Responsabilidad patrimonial.
b. Responsabilidad sindical.
c. Responsabilidad mercantil.
d. Responsabilidad comunitaria.

15.En el sector público, ¿qué término se utiliza cuando la organización encubre o tolera conductas de acoso?

a. Acoso estructural.
b. Acoso institucional.
c. Acoso jerárquico.
d. Acoso latente.

16.¿Qué ley amplía la protección frente al acoso por orientación sexual o identidad de género?

a. Ley 4/2023.
b. Ley 11/2021.
c. Ley 18/2022.
d. Ley 39/2015.

17.En la prevención terciaria, la prioridad principal es:

    a. Fomentar la cultura preventiva.

    b. Capacitar a mandos intermedios.

    c. Atender, investigar y reparar los daños causados.

    d. Aplicar encuestas de clima laboral.

18.El liderazgo ético en la prevención del acoso se caracteriza por:

    a. Mantener neutralidad total ante los conflictos.

    b. Predicar con el ejemplo y garantizar coherencia institucional.

    c. Delegar todas las decisiones en el comité de igualdad.

    d. Evitar pronunciarse públicamente sobre el tema.

19.Un error habitual en la implantación de políticas internas es:

    a. Difundir su contenido entre el personal.

    b. Redactarlas sin comunicación ni formación posterior.

    c. Incluir cláusulas de igualdad.

    d. Incorporar medidas de seguimiento.

20.En el nivel de prevención secundaria, una medida eficaz es:

    a. Sancionar directamente a la persona denunciada.

    b. Modificar los organigramas empresariales.

    c. Promover la mediación temprana ante señales de conflicto.

    d. Esperar una denuncia formal para intervenir.

21.La garantía de confidencialidad en un protocolo de acoso implica:

    a. No registrar los casos.

    b. Proteger los datos y la identidad de las personas implicadas.

    c. Evitar la comunicación con el personal.

    d. Publicar los resultados con nombres y apellidos.

22.Una organización con cultura del cuidado y corresponsabilidad:

a. Reacciona solo ante denuncias judiciales.

b. Se centra en la productividad como valor central.

c. Promueve la empatía, la solidaridad y la prevención colectiva.

d. Depende exclusivamente del departamento de recursos humanos.

23.La participación activa de la plantilla en el protocolo se manifiesta cuando:

a. Se evita intervenir en conflictos.

b. Se delega toda responsabilidad en la dirección.

c. Se colabora en la detección, comunicación y prevención del acoso.

d. Se espera a que haya sanciones para actuar.

24.Uno de los beneficios de la participación activa en el protocolo es:

a. El fortalecimiento de la cultura del respeto y la igualdad en la empresa.

b. El aumento de las cargas administrativas.

c. La reducción de la comunicación interna.

d. La eliminación de la formación en igualdad.

25.Un indicador útil para evaluar el protocolo puede ser:

a. El tiempo medio de resolución de las denuncias.

b. El número de sanciones judiciales externas.

c. El total de bajas médicas anuales.

d. La antigüedad del personal directivo.

26.La Comisión de Prevención del Acoso debe actuar bajo el principio de:

a. Subjetividad.

b. Confidencialidad y neutralidad.

c. Publicidad.

d. Jerarquía empresarial.

27. Una medida preventiva eficaz dentro del protocolo es:

a. Desarrollar campañas de sensibilización y formación en igualdad.

b. Incrementar los controles disciplinarios.

c. Mantener el protocolo en reserva.

d. Reducir el número de canales de denuncia.

28. La participación sindical en el protocolo sirve para:

a. Sustituir a la dirección en las decisiones.

b. Ejecutar sanciones directamente.

c. Elaborar informes psicológicos.

d. Garantizar la transparencia y la defensa de los derechos de las personas trabajadoras.

29. La empresa debe comunicar los resultados de la evaluación del protocolo:

a. De forma agregada y sin vulnerar la confidencialidad.

b. Nombrando públicamente a las personas implicadas.

c. Solo al departamento de contabilidad.

d. Únicamente al personal directivo.

30. La mejora más relevante derivada de una evaluación eficaz es:

a. Reducir el presupuesto destinado al protocolo.

b. Simplificarlo eliminando etapas.

c. Incorporar nuevas medidas preventivas y reforzar la formación.

d. Cerrar el proceso de revisión hasta nueva orden.

Solucionario

U. A. 1. Introducción al concepto de acoso

1. b	**6.** c
2. c	**7.** d
3. c	**8.** b
4. a	**9.** c
5. c	**10.** c

U. A. 2. Marco legal y normativo

1. b	**6.** c
2. c	**7.** c
3. b	**8.** b
4. c	**9.** c
5. b	**10.** c

U. A. 3. Prevención del acoso en el ámbito laboral. Políticas y compromisos empresariales

1. b	**6.** c
2. c	**7.** c
3. b	**8.** d
4. c	**9.** a
5. a	**10.** b

U. A. 4. Protocolo y plan de actuación frente al acoso laboral, acoso sexual y/o por razón de sexo en el entorno laboral

1. c
2. c
3. c
4. a
5. b

6. b
7. c
8. a
9. d
10. d

Bibliografía

Legislación

Carta de los Derechos Fundamentales de la Unión Europea (2000/C 364/01).

Carta Social Europea (Revisada, 1996).

Código Penal (Ley Orgánica 10/1995, de 23 de noviembre). Artículos 173 y siguientes, sobre delitos contra la integridad moral y acoso laboral.

Constitución Española (1978). Artículos 14, 15, 18, 35 y 40, relativos a la igualdad, la dignidad de la persona y la protección de la salud en el trabajo.

Convenio 111 de la OIT sobre la discriminación (empleo y ocupación), 1958.

Convenio 190 de la OIT sobre la violencia y el acoso en el mundo del trabajo, 2019.

Convenio Europeo de Derechos Humanos (1950).

Declaración Universal de los Derechos Humanos (ONU, 1948).

Directiva 2000/43/CE, relativa a la aplicación del principio de igualdad de trato entre las personas independientemente de su origen racial o étnico.

Directiva 2000/78/CE del Consejo, de 27 de noviembre de 2000, relativa al establecimiento de un marco general para la igualdad de trato en el empleo y la ocupación.

Directiva 2006/54/CE del Parlamento Europeo y del Consejo, de 5 de julio de 2006, relativa a la aplicación del principio de igualdad de oportunidades e igualdad de trato entre hombres y mujeres en asuntos de empleo y ocupación (refundición).

Ley 31/1995, de 8 de noviembre, de Prevención de Riesgos Laborales (LPRL).

Ley 4/2023, de 28 de febrero, para la igualdad real y efectiva de las personas trans y para la garantía de los derechos LGTBI.

Ley 62/2003, de 30 de diciembre, de medidas fiscales, administrativas y del orden social.

Ley Orgánica 1/2004, de 28 de diciembre, de Medidas de Protección Integral contra la Violencia de Género.

Ley Orgánica 10/2022, de 6 de septiembre, de garantía integral de la libertad sexual.

Ley Orgánica 3/2007, de 22 de marzo, para la igualdad efectiva de mujeres y hombres.

Real Decreto 39/1997, de 17 de enero, por el que se aprueba el Reglamento de los Servicios de Prevención.

Real Decreto 901/2020, de 13 de octubre, por el que se regulan los planes de igualdad y su registro y se modifica el Real Decreto 713/2010, de 28 de mayo, sobre registro y depósito de convenios y acuerdos colectivos de trabajo.

Webgrafía

Acoso laboral o mobbing
https://civicabogados.com/acoso-laboral/

Acoso sexual y acoso por razón de sexo
https://www.inmujeres.gob.es/areasTematicas/IgualdadEmpresas/AcosoSexualAcosoRazonGenero.htm

El "mobbing" en la Administración Pública

https://administrativando.es/que-es-mobbing/

Protocolo de acoso laboral obligatorio

https://www.wolterskluwer.com/es-es/expert-insights/protocolo-acoso-laboral-obligatorio

Protocolo frente al acoso laboral

https://cgcop.es/protocolo-de-prevencion-del-acoso-laboral/

¿Qué es acoso laboral y qué tipos de acoso existen?

https://www.fontelles.com/que-es-acoso-laboral-y-tipos-de-acoso/